数学史与
初中数学学习

乔　林　吴龙梅◎编著

华东师范大学出版社
·上海·

图书在版编目(CIP)数据

数学史与初中数学学习/乔林,吴龙梅编著. —上海:华东师范大学出版社,2022
ISBN 978 - 7 - 5760 - 3018 - 1

Ⅰ.①数… Ⅱ.①乔…②吴… Ⅲ.①中学数学课-初中-教学参考资料 Ⅳ.①G634.603

中国版本图书馆 CIP 数据核字(2022)第 119618 号

数学史与初中数学学习

编　　著	乔　林　吴龙梅
责任编辑	王　焰(策划组稿)
	王国红(项目统筹)
特约审读	王小双
责任校对	刘凯旆　时东明
装帧设计	卢晓红

出版发行　华东师范大学出版社
社　　址　上海市中山北路 3663 号　邮编 200062
网　　址　www.ecnupress.com.cn
电　　话　021 - 60821666　行政传真 021 - 62572105
客服电话　021 - 62865537　门市(邮购) 电话 021 - 62869887
地　　址　上海市中山北路 3663 号华东师范大学校内先锋路口
网　　店　http://hdsdcbs.tmall.com

印 刷 者　上海景条印刷有限公司
开　　本　787×1092　16 开
印　　张　12.5
字　　数　204 千字
版　　次　2022 年 9 月第 1 版
印　　次　2022 年 9 月第 1 次
书　　号　ISBN 978 - 7 - 5760 - 3018 - 1
定　　价　48.00 元

出 版 人　王　焰

目 录

前　言

　　在当今的数字时代,数学作为一切自然科学的基础,它化繁为简,直击事物本质的思考方法,给很多事物以"透视眼"的思考力度,让很多人从中受益。那些能领悟数学思想方法的人,哪怕就是在日常生活和工作中做起事来也是一通百通,事半功倍,这也就是为什么数学无论是在中考还是在高考中都作为必考学科的原因吧! 它可以说是现代人的必备素养,而学好数学常常能让你比别人有更多机会在众人面前脱颖而出!

　　数学应该怎么学? 事实上,很多学习数学的人会对它产生厌恶、自卑,逐渐地失去学好它的信心,这又是为什么呢? 这既不是我们人本身的问题,也不是数学的问题,而是因为我们和数学之间缺失了一座桥梁。

　　作者从事中学数学教育 20 多年来,通过观察发现周围人对数学教育的普遍观点是"数学是思维的体操"、是"计算和逻辑"、是"做题和考试"等等。因此,当前中学数学教育培养的数学好学生数学基础扎实但知识面较窄;能攻抽象难题但缺乏解决实际问题的能力;有很强的好胜心但好奇心不足。这些现象导致了学生认为数学是一门"与实际无关""枯燥乏味""抽象晦涩"的学科,从而大部分学生为了升学不得不学,升学考试结束也就快速抛之脑后了!

　　面对上述情况,我们以往的策略是通过教研活动让老师们不断改进教学方法,以便让思维的体操不那么难学;通过教育学生要刻苦学习,以便老师在"灌输"或"引导"时不那么"费劲"。虽然多年前的教改就强调以"以人为本""教师和学生双主体"等,但这些仍停留在"怎么教"和"怎样学"上,最近全国推行的数学课程改革加强了数学的应用和实践的内容,"数学建模"内容已经在高中课本中独立成章了;"项目化学习"也如火如荼地开展起来;改革方向已经朝着解决"教什么"和"学什么"的问题转变了,相信不久的将来必将在初中课本中有所体现。

　　新课改理念中突出强调培养学生的"数学核心素养",数学课程应当将培养学生的

"数学核心素养"贯穿于整个课程始终,本书试图从"数学史料""数学故事""数学名题""数学名家"等不同角度,用真实的历史史料和人物故事作为背景,让读者首先了解数学不是凭空而来的,它是成千上万的普通人因为好奇心而不断探索得来的,而这些原本带着好奇心的普通人向前探索的结果不但为大家开发了了不起的认识世界的数学工具,自己同时也变成了了不起的数学家。有了好奇心还不够,我们还为读者再现了这些普通人当时是通过怎样的奇思妙想才发现的数学方法或发明了数学工具,进而为读者架起一座通往建立"数学核心素养"的桥梁,让读者身临其境地感受数学历史上的风风雨雨,体会那些带有好奇心的人在追求数学真理中的酸甜苦乐,重现他们发现数学真理的闪光时刻,从而能更深刻地理解数学本质,并受到他们的感染也加入到探索数学未知世界的行列中来,最起码不会再畏惧数学的枯燥和抽象,因为它们都是有血有肉的存在。

本书分三章,重点是为初中学生科普数学知识的同时,也想为学生搭一座通往数学思维的桥梁,使学生在阅读中不断提高数学素养,本书根据人们认识数学的先后顺序,分别从"算术、几何、代数"中抽取了相对有趣和重要的历史故事、事件和人物,让读者多角度体会数学的本质特征。比如对于数学素养中的"数学抽象",通过阅读书中的故事,读者能总结出:数学的抽象不是凭空而来的,因为我们人类是靠经验感知世界并认识世界的,但是随着经验的积累,发现事物发展过程中总是有些规律是不变的,先辈中的一些有好奇心又聪明的人,把实践经验感知的不变规律通过剥离外在表象,用最简洁的符号(如 1、x 等)代表研究对象,并把它们之间的关系用尽可能简练的形式表达出来,这就有了数学表达。

再比如书中通过讲述毕达哥拉斯定理的故事让读者体会数学核心素养中的"数学逻辑",大家熟悉的勾股定理为什么在国际上叫毕达哥拉斯定理?虽然早在公元前1000年商朝的商高发现了勾三、股四、弦五,这一时间比毕达哥拉斯发现此定理早五六百年,非常可惜的是,我们并没有发现商高提供更详细的数学证明,现存发现的我国独立证明勾股定理的证据是在毕达哥拉斯发现并证明了这个定理后大概三四百年,西汉中期的数学家在《九章算术》中给出了勾股定理的完整证明。而西方数学界认为毕达哥拉斯定理是奠定了数学证明的逻辑基础,它在几何学中有着极其重要的基础性地位,这种逻辑证明思想不同于生活实践的经验总结,它舍弃了感性的外衣,完全是理性的逻辑产物,它的优点是尽可能少的依赖当时的外在条件,所以能穿越历史,同时穿透人文形形色色的外衣,比如几千年前数学证明是正确的结论几千年后依然正确,再比如人类虽然说着千差万别的语言,可是学的数学内容基本一致,从某种意义上讲,后者是更接近大自然本质的语言。

其次,也是更重要的,是通过对数学知识的理解和再认识,实现思维方式的提升,为了达到这一目的,我们关键是对数学知识要有透彻理解,要想做到这一点还要从像毕达哥拉斯或是欧几里德这样的数学家的思维方式说起,从他们那个时代的视角再审视知识演变的过程,甚至是经历的各种磨难,我们就能更好地理解数学知识是如何发展的,从而使数学变成活的、有生命的知识体系。

作为数学科普读物,本书主要面对的是中小学生,尤其适合初中这一承上启下年龄阶段的学生阅读,目的就是要为读者建立一座通往理解数学的桥梁。

下面举例来感受一下数学角度思考问题与其他角度思考问题的不同。20 世纪 90 年代,在祖国改革开放的前沿浦东新区陆家嘴建起了一座当时中国最高的摩天大楼——金茂大厦,人们站在它的脚下不禁驻足思量:这地标建筑有多高?

对于这个问题,我们找来熟悉它的历史的人问一问当然能得到准确答案,但如果你想通过这个问题推测一下你周围人的教育背景也是可以的。

比如学文学的人喜欢用语言对事物进行描述,可能会说诸如“高大宏伟、直穿云霄”等系列词汇对金茂大厦的高度进行描述,这些词汇给了你美的享受和充分的想象空间,不过你却不能据此准确得知它的高度。

学物理背景的人习惯用实验的方法处理问题,要想知道金茂大厦的高度,按照实验的思想是“拿根绳子量一量”:从楼顶吊下一根绳子直达楼底,记下从楼顶到楼底绳子的长度,这就是金茂大厦的高度。尽管这个做法不算简单,也不一定具有可移植性。比如,要测量一根竖立在地面上又细又长的钢管,人们就无法站到钢管顶部,但是这个做法确实可以非常直观地给出准确答案。

如果是学数学的人遇到这样的问题,其处理方式会有很大不同。他善于对事物进行类比,因此会选取一个标尺,借助阳光,利用标尺与大厦投影的长度及相似原理测出大厦的高度;他擅长将事物进行转化,因此可能通过直角三角形的直角边长与其对角的依赖关系,把大厦高度的测量问题转化为对仰视角的测量问题. 他没有爬上楼顶,但能准确得到楼顶到地面的距离；他没有丰富的词汇但却能用数据告诉你大厦的雄伟。他的方法不仅可以用来测量大厦，还可以移作他用。这就是数学的威力——方法简洁、结论可靠、适用广泛。

书中同时回答了数学在生活中的应用和人们以后从事职业的数学要求，比如是否每一个人都要学好数学呢？那要看你对数学的态度和将来要做的工作，不同的工作对数学见识的要求也不同：如果将来是从事艺术类的，那最好要知道毕达哥拉斯发明的五度相生律；从事设计的，最起码要知道毕达哥拉斯发现的黄金分割吧！

如果把数学比喻成一座宫城，这些都是相当于你到数学宫城做个参观者，看看甚至摸一摸数学宫城的外表，数学宫城的每个宫殿可不是随便为你敞开的，进城我们需要修桥，进入宫殿还需要每个宫殿的钥匙，而且很多宫殿都是层层嵌套的，宫殿之间的道路也是错综复杂、迷路重重的。对待数学的态度很重要，当你对数学的学习充满渴望和向往时，就会时不时有宫人（灵感）现身在你面前带你绕过迷路，但当你并不觉得这些宫殿有什么了不起，并产生畏难情绪时，就经常会迷失在路上，心烦意乱。当你今后的工作是跟经济学，如会计、金融方向相关，就相当于要在其中几个宫殿拿到钥匙，并且还要此宫的人传你些"法宝"，如果今后向物理和计算机专业发展，那就不光需要传些"法宝"，甚至要他们传授"秘术"了；当然最厉害的要数有志成为数学家的人了，你将被允许终生留在宫殿学习"秘术"，把玩"法宝"，甚至有一天你可能成为某个宫殿的缔造者！

当"桥"建造好了，还需要读者亲自走过去，人类的天性之一就是拥有好奇心，很多人喜欢悬疑、侦探、科幻小说，有些人则喜欢解决诸如乐高、九连环、魔方等各种智力游戏，这都是好奇心的外在表现，也是对人脑思维的一种训练，学习数学很多时候就是对事物好奇心的主动思考，能够提高我们对事物关系的深层次的、本质的理解。

人们在观察周围人的时候可能会发现两种类型的牛人，一种是思维敏捷的人，另一种是思想深刻的人。无论想成为哪一类，都是可以通过后天训练获得的，训练快速反应的有效办法就是不断地输入，比如多听多看，之后再反复输出，比如多说多练，使关联的事物和知识在大脑中形成神经联结，在身体上形成肌肉记忆，比如英语听说、打游戏、打球等做得好的人都是这种训练的结果，而训练深入思考就需要有意识地练习环环相扣的解套本事，数学就是练习这个本事非常好的素材，它经一系列了不起的人发展了几千年,已经形成了成套的训练材料,所以学数学更有点像晋级打怪,一点一点升级,一个一个突破。

　　本书的完成,除了书末所列的参考文献外,还参考了其他许多书刊、杂志、网络文章,并选用了许多的资料图片和一些数学家的图像,力求使每一章节都做到内容丰富、图文并茂。本书主要适用于中小学生,特别适用于初中生,当学生在学习数学课之前如果读过书中相应的内容,不但能使读者对所学数学知识的背景有比较准确的把握,而且能对知识的思维过程有更深的体会,从而进一步理解数学、喜欢数学,学习数学就不再是件辛苦的差事,很可能变成一种乐趣和享受。

作者

2021 年 8 月

第一章 算 术

算术的产生可追溯到史前时期,无论是古埃及还是古希腊人提出算术的概念都是为了研究数与数的计算方法、计算工具、各种数的换算等,它可以算是数学的起点。

1.1 数字的变迁

人类为什么要发明数字? 关于这个问题,我看最好的解释来自于人们日常吃饭的订餐需求,通常订餐的人会说"3 个汉堡、2 个披萨、5 瓶可乐……"如果你说"汉堡、汉堡、汉堡、披萨、披萨、可乐、可乐、可乐、可乐、可乐……",估计服务员除了记不清你要几份可乐,还会觉得订餐的这家伙估计是结巴,从这一场景中我们认识到数字是一种方便好用的工具。如果没有数字,5 个人的订餐信息就只能说 5 遍,如果有更多的人订餐,我们的服务员恐怕就招架不住了,但是,只要发明了数字,不管有多少人订餐,都可以很清楚简洁地用数字记录下来。

有了刚才的场景你知道数字是很有用的表达工具,那我们人类又是什么时候开始运用数字的呢? 养过金毛狗的人都知道,当你给它两份食物让他挑一份时,它会挑那份多的。人类在远古蒙昧时期,也有识别多与少的能力,但是从远古的实物的"数"到抽象的"数"的概念的形成,可是经历了漫长的岁月。

开始的"一"只能是实物:一个野果、一只狼、一个月亮等,"二"是跟两只手、两只羊等联系在一起的,比如距今约 7000 年前浙江余姚河姆渡原始社会遗址出土的陶制品,有两耳或三足,陶制品底座上刻有四叶纹,约 6000 年前的西安半坡新时期时代遗址出土的一种两耳提水器等说明远古人已经形成"二、三、四"等数的概念了。

就像经济学家亚当·斯密(Adam Smith,1723~1790)说的那样:"数是人类在精神上制造出来的最抽象的概念。"确实,即使像"1""2"这样最简单的数,要是和其他语言相比较,也是很抽象的,除了人之外,其他动物好像还没有会运用"数"的。

1. 运用数的本质

我们现在所运用的"数"与其他动物甚至尚未进化完全的人类所运用的"数"有本质的区别,现在人们判断是否会运用的数,应该有三个条件:

第一个条件是"数的一一对应性"。据说瑞士的心理学家皮亚杰(Jean Piaget,1896~1980)做了以下的实验:把几个花瓶和一些花给一个5岁零8个月的孩子,让他在每一个花瓶里插一枝花,这时的花瓶与花是一样多的,问孩子是花多还是花瓶多,孩子的回答是一样多;接着再把花都集中在一个花瓶里,再问他是花多还是花瓶多,孩子回答说是花瓶多,因为把花放在一起,能看见的花少了。把花一枝一枝地插在花瓶里就是一一对应的事,可是5岁多的孩子却想不到花瓶与花的数目是相等的,说明这个岁数的孩子对于数的一一对应性还不明白。

英国的数理哲学家伯特兰·罗素(Bertrand Arthur William Russell,1872~1970)说:"要觉察到两天的2和两只小鸡的2是同样的2,需要有漫长的岁月。"把两天的2和两只小鸡的2联系起来就是一一对应的,这时2这个数字是不变的。远古的人利用数的一一对应的性质,逐渐用容易数的东西来替换不容易数的东西。比如古人为了数丈夫外出打猎过了多少天,时间长了容易忘记,于是过一天就在石壁上划一道痕迹,然后再数有多少道划痕就知道自己的丈夫外出多少天了,这就是把打猎的天数用一一对应的方法转换为划痕数的例子。就算是现在,我们依然能看到这一想法的运用,比如大家都熟悉的班干部选举,为了让班级所有同学都能看清楚被选举同学总共得了多少选票,我们用在黑板上统计所画"正"字的个数来对应被选举同学的最终得票数。这些都是利用了一一对应而数不变的性质。

第二个条件是"数的各个部分的和等于总体,或反过来说数被分成几个部分时,总数是不变的"。皮亚杰让五岁半的孩子把一个容器里装的玻璃球分装到两个容器时,孩子说玻璃球比原来多了。这大概是因为孩子被两个容器迷惑了。据说,开始知道不论分割还是合并,玻璃球的总数是不变的这件事,是在孩子6岁到7岁左右才意识到的。

第三个条件是"改变计数的顺序，数也不变"。比如 5 个人的家庭，按年龄从大到小顺序数是爷爷、奶奶、爸爸、妈妈和孩子，若按年龄从小到大，从最小的孩子开始数：孩子、妈妈、爸爸、奶奶、爷爷也是 5 个人。也就是说，不论怎样改变计数顺序，数是相同的。根据皮亚杰的实验，很小的孩子也不知道这一点，他就会奇怪为什么数的数还是一样的。

这样能满足一一对应且分割或改变顺序而不变的东西就可以认为是数。而数的原始形态有各种各样的表达，接下来我们就说说数字的演化与变迁。

2. 数字在不同文明中的表达

即使是未开化的人，随着生活水平稍微提高一点，采摘、收集、狩猎的食物多了，就需要掌握和运用更多的数词进行计数了。例如，英属新几内亚的比由基莱族还处在原始部落形态，他们掌握的数字与读音对照如下：

1——塔兰杰萨　　6——格本

2——米塔·基那　　7——托兰库金贝

3——格基米塔　　8——佰达依

4——托潘　　9——恩格玛

5——曼达　　10——达拉

据说这些数字后面对应的发音都是人身体的各个器官，优点是身体器官我们天天都用，记忆很方便，缺点也很明显，身体器官是有限的。

古埃及的数字据说是一位英国物理学家托马斯·杨（Thomas Young，1773～1829）亲率探险队前往埃及，并克服困难编译出了罗塞塔石碑文字，根据石碑的研究成果，我们终于知道埃及的数字长成什么样。首先 1—10 的数字如下图所示：

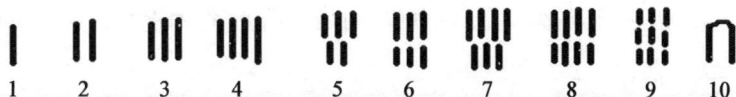

古巴比伦人所使用的古代文字是奇特的楔形文字，后世学者很不容易解读，因此长期以来一直是个谜团。

古巴比伦文字被解译后，学者们于 1854 年，在森克雷（Senkereh）进行考古挖掘时，出土了一块黏土板，上面精细地刻出了与数学有关的文字记录。根据这份数据显示，1—10 的各个数字的表示如下：

古时的希腊人用字母表示的数字，如下：

α	β	γ	δ	ε	ς	ζ	η	θ	ι	κ	λ	μ	ν	ξ	o	π	$\cdots$
1	2	3	4	5	6	7	8	9	10	20	30	40	50	60	70	80	$\cdots$

但是因为这种记数法不方便记忆，所以并不普及。

罗马数字是古罗马使用的数字系统，简单的罗马数字见下：

I	II	III	IV	V	VI	VII	VIII	IX	X	L	C	D	M	$\cdots$
1	2	3	4	5	6	7	8	9	10	50	100	500	1 000	$\cdots$

罗马数字虽然华丽，却也是难读又难写，我们如果去西欧旅游，时常会看到名人的纪念碑，在碑座上刻有此人的生卒年月，如果不知道罗马数字你还真不一定看得懂，比如你知道 MDCCCVII-MDCCCLXXIV 表示的是什么意思吗？用阿拉伯数字翻译就是 1807-1874。

在古代，找到一种简单明了的数字系统一直都是一个难题。从人类文明开始之初，我们的祖先就尝试了很多不同的计数系统，用来记录和计算数字。因为不管是从事贸易、测量土地，还是清点牲口，都需要把各种各样的数字记录下来。

只要我们粗略地研究一下人类发明的种种计数系统就会发现，它们有一些高度一致的共同点。这些共同点是由我们人类的生理特性决定的，人类进化过程中种种偶然和必然因素的共同作用，使得我们人类的两只手掌恰好各有 5 根手指。因此，这个数字成为人类通用的一个计数单位。比如说，在最原始的"符木棍"计数系统中，17 这个数字是这样表示的：

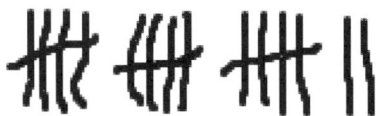

在上图中，可认为每根竖线都是以手指作为原型的。每组中出现的横线，则可能是从拇指的形象演化而来的。你看，每组的 5 根线像不像一只拇指弯向手掌的手呢？

和上面这个朴实无华的符木棍计数系统相比，浮夸的罗马数字只不过稍微进化了一点儿。在 1、2、3 的罗马数字写法（Ⅰ、Ⅱ、Ⅲ）中，我们可以清晰地看到上述符木棍计数系统的痕迹。罗马数字的 5 写作 Ⅴ，这个符号同样让我们联想到符木棍计数系统中的那根代表拇指的横线。4 在罗马数字里有两种写法：一种是 Ⅲ，完全和符木棍计数系统一致（在很多风格华丽的钟表上都能看到这种写法）；另一种更常见的写法则是把 4 表示为 Ⅳ。在 Ⅳ 这种写法中，左边的 Ⅰ 表示你应该从 Ⅴ（5）中减去 Ⅰ（1），而如果这个 Ⅰ 写在 Ⅴ 的右边，则表示应该把 Ⅴ（5）和 Ⅰ（1）相加；Ⅳ 代表阿拉伯数字 4，而 Ⅵ 则代表阿拉伯数字 6。

1.2 进位制的演化

"进位制"是"进位值制"的简称，也有叫"进位置制"，它包括两层含义：一层含义是"进制"，比如说"十进制"就是每满十个数进一个单位；另一层含义是"位值制"或"位置制"，比如在十进制中的 36 中的"3"放在十位表示 30，而 63 中的"3"放在个位表示的是 3，就是一个数在不同的位置表示不同的数。

1. 古巴比伦人的六十进位法

古巴比伦人发明的计数系统和我们现在常用的十进制的计数系统的差别较大，不过他们却是历史上最早发明位值制的国家。

据说是古巴比伦人认为 1 年有 360 天，他们也知道将圆周以与半径等长的弦依次分割，可以分成 6 等份，每 1 等份的弧所对的圆心角为 60°。

因此，古巴比伦人认为太阳每天只转动 1 年的 $\frac{1}{360}$，他们将圆周分为 6 等份，1 等份对的圆心角为 60°，所以学者普遍认为他们从此得到 60 进位的启发。

当然数字 60 本身也是神奇的数，它是能被 1、2、3、4、5 和 6 都整除的最小整数。

也许你会觉得,数字 10、12、15、20、30 也是不错的选择,但如果我们的计算涉及把整体等分成一定数目,那么用 60 作为计数单位就会显示出极大的优势。

现今,我们在表示角度时所用的度、分、秒,1 度为 60 分、1 分为 60 秒的度量制,还有计时用的 1 个小时分为 60 分钟,每分钟分为 60 秒也许就是向古巴比伦人学来的,算是在向古巴比伦人致敬吧!

2. 进位制的产生

位值制首先由古巴比伦人于公元前十九世纪发明,而十进制计数法被发现是公元前 2000 年埃及人就在用,但是我国是最早采用十进位值制计数法的国家,从现已发现的公元前 14 世纪至公元前 11 世纪商代陶文和甲骨文中,可以看到当时已能够用一、二、三、四、五、六、七、八、九、十、百、千、万等十三个数字。实际上,在古代世界独立开发的有文字的记数体系中,除了巴比伦文明的楔形数字为六十进位值制,还有约公元前几个世纪的玛雅数字为二十进位值制外,大部分为十进位值制,比如约公元 5 世纪前后的印度人也出现了运用十进位值制的记载。亚里士多德(Aristotle,公元前 384～公元前 322)称人类普遍使用十进制,跟绝大多数人生来就有 10 根手指有关。

但是,无论是六十进制还是十进制都并不是古代人们给世界留下最传奇的计数贡献。最伟大的计数贡献在于他们提出了一个直到今天仍然通行全世界的想法——位值制,它可以简单地理解为今天通俗说的"数位"。这个想法如今看起来再正常不过,已经很少有人去深思和体会其中的巧妙了。

3. 阿拉伯数字与 0 的由来

要清楚地说清位值制的作用,还要先交代一下阿拉伯数字的由来,其实阿拉伯数字的诞生地是印度。公元 3 世纪,印度的一位科学家巴格达发明了阿拉伯数字的雏形,公元 500 年前后,印度的位值制开始出现,但是依然用"."表示零,后来印度出土了公元 876 年瓜廖尔石碑,该石碑上记载无误的"0"说明当地人已经开始用"0"代替"."表示零了。在这之前虽然位值制已经被人们广泛运用,但是零有各种表示,典型的有用空位表示零的,还有用点表示零的,而"0"的出现是数学史上一大创造,也说明当时已经发展出了现代阿拉伯计数系统的雏形。大约公元 700 年前后,阿拉伯人征服了印度的旁遮普地区,他们吃惊地发现被征服地区的数学比他们先进,于是设法吸收这些数字,后又由阿拉伯人把这一计数系统传向欧洲,之后再经欧洲人将其现代化而传向世界。

由于人们以为阿拉伯数字是阿拉伯人发明,所以人们称其为"阿拉伯数字",这个错误也就一直延续至今,其实我们应该叫它"印度数字"或"印度—阿拉伯数字"。据说其中"0"的起源深受佛教大乘空宗的影响。大乘空宗流行于公元三至六世纪的古代印度,在它的流行后期,印度产生了新的整数十进位值制记数法,规定出十个数字的符号。以前计算到十数时空位加一点,用"."表示,这时发明了"0"并用它来代替"."。"0"的梵文名称为 Sunya,意译为"空"。大乘空宗强调"一切皆空"。0 的这一特殊就反映了"一切皆空"这一命题所留下的痕迹。0 是正数和负数的分界;0 乘以任何一个数都使这个数变成 0;也是解析几何中笛卡儿坐标轴上的原点。

0 在小学数学中表示"没有",但在中学数学中,其内容十分丰富,并给我们增添了无穷乐趣。零在初中数学中多次出现,地位特殊,我们不妨做个总结:

1) 零的地位

零既不是正数,也不是负数,而是中性数;在数轴上,零稳居原点,正负数分居两旁,零是它们的分界点,独尊一方。零既是整数,又是偶(双)数。

2) 零的排行

在小学数学里,零是最小的,俗称老幺,在初中数学里对零可要刮目相看喽!在有理数中,有无数个正数,也有无数个负数,零虽小于一切正数,但却大于一切负数。

3) 零的个性

零加零得零($0+0=0$),零减零得零,零乘零得零,零的相反数是零,零的绝对值还是零,零的平方不是正数,仍是零。

一个数同零加,仍得这个数($6+0=6$),一个数减去零,仍得这个数($6-0=6$)。

4) 零的神通

零的能量十足、神通广大,在某些运算中,其他数与零接触,或者改变了数性,或者化为乌有,请看:零减去一个数得这个数的相反数(如 $0-3=-3$);任何数同零相乘都得零;几个有理数相乘,若有一个因数为零,则积为零(如 $3\times4\times5\times6\times0=0$);零除以任何一个不为零的数都得零(如 $0\div123\,456=0$)。零在解题中也具神通。

例 1　已知 $(3x-2)^2+(y-3)^2=0$,则有 $3x-2=0$,$y-3=0$,迅速求得 $x=\dfrac{2}{3}$,$y=3$;

例 2　已知 $(x+7)^{2021}=0$,则可求得 $x=-7$。

5)零的局限

在运算中,零虽然表现得非常活跃,十分调皮捣蛋,但也有自己的局限性。例如,零不能作为除数;零没有倒数等。它这个局限性,给粗心大意的人带来计算上的灾难,使其走向错误的深渊,因此,要专门牢记调皮蛋零的捣乱。

基于 1、2、3、4、5、6、7、8、9,以及神奇的 0 这 10 个小家伙,被我们称为"数字",英文词汇为 digit,这个词的拉丁语词根的意思是"手指"或者"脚趾"(看起来是多么自然!)。在数学领域,这是一个天才又伟大的发明,因为虽然这个计数系统是十进制的,但它却并没有用一个专门的符号来表示 10。相反的,10 的概念是用"数位"来表示的,这个系统创造了"十位"(即从右往左数的第二位)来表示 10 这个概念。依此类推,这个计数系统里还有"百位""千位""万位"等,不论是 10 的几次方,均有相应的"数位"。虽然对今天的我们来说,这种计数系统是司空见惯、不足为奇的,但在数学史上,这实在是一个极其伟大的发明。计数的单位(如 10 进制里的 10)不再用一个符号来表示,而是用一个位置来表示,就像一个停车位、一个专属地盘。

和这种优雅简练的"数位+数值"的计数系统相比较,罗马数字的计数系统简直可以用野蛮来形容:你需要 10? 没问题,X 就是 10;你需要 100? 没问题 C 就是 100;你需要 1000? 没问题,M 就是 1000。不仅如此,对 5、50 和 500,罗马数字也都有相应的符号,那就是 V、L 和 D。

罗马数字计数系统秉持的原则是:选择一些重要的数字(1、5、10、50、100 等)并赋予这些数字相应的特殊符号。然后,其他的所有次要数字均表示为重要数字的加减法组合。

遗憾的是,罗马数字计数系统在现实中用起来实在是不方便,只要被表达的数字超过几千,这个系统基本就瘫痪了。为了解决这个问题,中世纪的学者们研究出了一套修补方法,在原有的罗马数字上面加上横线表示原来数字的 1000 倍,这种蹩脚的方法使得罗马数字计数系统在数字较大的情况下勉强能用。比如,X 表示 10,那么 $\overline{X}$ 表示 10 000;M 表示 1000,那么 $\overline{M}$ 表示 1 000 000。一般来说,不需要用到 10 亿以上的数字,但是万一有需要的话只要在 $\overline{M}$ 上再加一条横线就行了。如此一来,这个系统虽然笨拙又丑陋,但你却可以按此规则写出任意大的数字来。

现在我们再来看今天流行的阿拉伯数字计数系统,就会发现这个看似平凡的计数系统有多么先进了。因为有"数位"的概念,即便再大的数字,写起来都不费力气。因为有了"数位"的概念,无论是什么数字,都可以用 0 至 9 这 10 个数字来表示,你所要做的只是把这 10 个数字放到正确的位置上去。除此之外,简洁也是阿拉伯数字系统一个极为突出的优点。任何 10 万以下的数字都不会超过 6 位。同样的数字你试试用文字、符木棍或是罗马数字计数系统来表示,你就会知道阿拉伯数字有多讨人喜欢了。

这里需要多说一点,我国用文字的计数系统与阿拉伯计数系统从简洁性上相比并不差太多,比如"一万"与"10 000"简洁性差不多,"一百万"与"1 000 000"从直观上我们的还更清楚些,如果比较"一亿"与"100 000 000"的话,我们的计数系统无论从简洁性和直观性都要比阿拉伯计数系统看着更先进,但其实事物总是体现出它的两面性。公元 8 世纪左右,印度数字(即阿拉伯数字)已经发展得接近现代数字计数系统了,随着佛学东渐也传入了中国,但并未被当时的中文书写系统所接纳。又过了 500 年,大约在公元 13 到 14 世纪之间,阿拉伯数字再由伊斯兰教徒带入中国,亦未成功融入。到了明末清初,中国学者开始大量翻译西方的数学著作,但是书中的阿拉伯数字依然都被翻译为汉字数字。据张奠宙教授的书中介绍,曾有一位名叫黄淑兰的江苏学政,他在主持算学考试时,发现有一个考生卷上凡用到包括零在内的数目之处,都写成阿拉伯数字 0、1、2、3、……,于是他勃然大怒,斥责考生"用夷变夷,心术殊不可问",立即停止了该发给这个考生的津贴,以示惩戒,后该考生发狂而死。阿拉伯数字在中国最早使用是在清光绪元年(1875 年),原始版本《笔算数学》才对引进的阿拉伯数字作了介绍以及使用,到了辛亥革命之后才通用阿拉伯数字。这迟来的 1000 多年的时间,除了跟我国封建制度的封闭性有关,同时也跟我们的计数系统没有跟阿拉伯计数系统接轨多少有些关系。也许我们觉得它的计数系统并不比我们的强多少,但是它就像是一门语言中的字母一样,有了它才能造句,表达意思。

最重要的是,有了这种"数位＋数值"的计数系统,普通人也能学会做算术。你只需要掌握一些最基本的原则,如借位法、进位法、乘法口诀表等,加减乘除运算就都不算困难的事情。这些简单的法则适用于任何数字,只要掌握了这些法则和技巧,不管是一组什么样的数字,不管数字有多大,计算起来都很简单。

有了阿拉伯数字计数系统,数字运算完全变成了一种机械的程序化活动。这正是这种"数位＋数值"计数系统的优越之处。在这种计数系统的基础上,我们完全可以把数学运算的工作交给机器去完成。从最原始的数学计算器,到今天的超级计算机,运算自动化的程度在不断提高,这些都是以"数位"这一优美又伟大的概念为基础的。

在这里,我们必须特别表扬一下幕后英雄数字 0。如果没有 0 的存在,这一整套"数位＋数值"的计数系统就会立即崩塌。如果没有 0 发挥强大的占位功能,那么 10 100 和 1 000,甚至 1 和 1 000 看起来就都会一模一样了。

任何"数位＋数值"的计数系统都需要一个计数单位,这个单位被称为"进制"。阿拉伯数字计数系统是十进制的,也就是计数单位为 10。在英语中,十进制的单词写作 decimal,这个词的拉丁语词根 decem 正是"十"的意思。从右向左数,第一位是个位,然后依次是十位、百位、千位等。每一个"数位"都代表 10 的几次方,比如:

$$10 = 10^1,$$
$$100 = 10 \times 10 = 10^2,$$
$$1\,000 = 10 \times 10 \times 10 = 10^3。$$

正如前文所提到的,我们选择十进制很可能是因为人类恰好有 10 根手指。这种选择是基于人类的生理特点,而非基于逻辑推理。那么,这很容易让人产生以下的疑问:十进制是不是最优的呢?还有没有比十进制更好用、更有效率的进制呢?

4. 二进制的产生

这是一个很好的问题。实际上,二进制也是一种十分好用的计数系统。大家都知道,如今我们使用的各种电子产品,从电脑到手机、数码相机,都是基于著名的二进制系统。二进制系统的优越性在哪里呢? 在各种进制中,二进制所需要的符号最少:只要有 0 和 1 这两个数字就够了。大部分电子元件恰好有开和关这两种状态,这和二进制的特性配合得天衣无缝。事实上,任何有两个状态的原件(开或关,敞或闭等)都很适合采用二进制系统。

二进制的萌芽,有多种说法,其中一种说法是当人们还数不到 3 时,为了记录更大的数,就出现了把每两个数合在一起计数,其中一个例子就是澳大利亚波特玛凯地方保留的方言:

1—瓦尔布尔

2—布莱拉

3—布莱拉·瓦尔布尔

把 3 说成是布莱拉·瓦尔布尔(2+1),所以我们可以知道这是把 2 与 1 合在一起,这个例子包含着"逢 2 进 1"的奇妙想法,不过这是有意识地做的呢? 还是因为想节约数词而歪打正着的就不得而知了。当然节约是数学的重要想法之一,若把"几个数合在一起计数"的想法作为数学史的起点,二进制也仍然是最幼稚的计数方法,因为他没有十进制出现在我们身上这么自然。(因为我们有 10 个手指和 10 个脚趾,哈哈!)因此形成系统的运算规则应该是晚于十进制的。

此外,在发掘古代印度河流域的繁荣都市时,据说从宝石商店的遗址和类似的地方发现了以 1、2、4、8、16、32、64 为重量比例的砝码。这些也都说明了古人曾经使用过二进制。

系统地运用二进制是我国古代的《易经》,它基于阴阳两种东西的对立,自然也与二进制有关系。

5. 《周易》与八卦

《周礼》"太卜"的记载中有《三易》的说法,包括夏朝的易学叫做《连山》,商朝的易学叫做《归藏》,周朝的易学叫做《周易》,因为《连山》《归藏》都已失传,所以自汉代以后,人们都把《周易》当作《易经》了。

《周易》包括《易经》和《易传》两部分。《易经》据北宋朱熹考证是周文王和周公父子合作的产物。而《易传》是孔子教授弟子的必修课程六经(诗、书、礼、乐、易、春秋)之一。《易传》是对《易经》的诠释,只有十篇文章。

　　一般人所说的"易"就是指《易经》这本书。只是这本以古文写成的书用字艰涩,一般人不易读懂,因此到了后世,出现了许多附带解说的通俗文本,其中不乏低级庸俗之作,再加上出现了一些偏离正道、欺世盗名的商人宣传,使得世人对《易经》的信赖一落千丈。原本易经占卜并非单纯用于解决个人的烦恼或指引人生方向,它也经常用来预言天灾地变、战争吉凶、疫病的流行、农作物的丰歉等国家民族的大事,所以每位帝王都会设置一个职位,专事易经占卜,以便随时提供意见。

图 1-2-1

　　《周易》通过八卦(如图 1-2-1)的形式推测自然和社会的各种变化,传说八卦由伏羲所画,古代先人认为阴、阳两种势力的相互作用是万物生成和发展的根源。孔子说:"《易》有太极,是生两仪,两仪生四象,四象生八卦"(《系辞上》),简练地说明了八卦的生成过程。

　　仔细观察会发现,虽然八卦的各个卦相完全不同,但它们都是由两个基本元素组成:阳爻"—"和阴爻"--"。爻(yáo)就是组成八卦的长短横画符号。

7. 二进制与十进制的转化

　　对于普通人来说,二进制的计数法有点儿别扭,需要一定的时间才能用得习惯。二进制系统仍然有"数位"的概念,但是,每一位不再是 10 的 n 次方,而是 2 的 n 次方。十进制系统有个位、十位、百位、千位等,而二进制系统则是个位、二位、四位、八位等。如下面的换算(破折号左边为十进制,右边为二进制)。

$$2 = 2^1 \text{——} 10$$

$$4 = 2 \times 2 = 2^2 \text{——} 100$$

$$8 = 2 \times 2 \times 2 = 2^3 \text{——} 1\,000$$

当然，事实上，在二进制系统中，2 并不是记作 2，因为“2”这个符号在二进制系统里是不存在的。就像“10”在十进制系统里并不是一个单一的数字，而是由两个数位上的数字组合而成的。在二进制中，阿拉伯数字 2 记作 10，表示一个 2 和零个 1。同样，阿拉伯数字 4 在二进制中记作 100（一个 4，零个 2，零个 1），而阿拉伯数字 8 则表示为 1 000（一个 8，零个 4，零个 2，零个 1）。

7. 二进制与八卦的对应

二进制数由“0”和“1”两个数码组成，八卦图由阴爻“--”和阳爻“—”两个符号组成。如果把八卦图的两个符号与二进制的两个数码互相对应，阴爻“--”对应数码“0”，阳爻“—”对应数码“1”，这样就能方便地把二进制数与八卦图联系起来。例如，3 bit（bit 是计算机信息存储的最小单位）可构成 8 个二进制数（左面的数是二进制数，右面的数对应十进制数）：000—0、001—1、010—2、011—3、100—4、101—5、110—6、111—7。如果，把“1”、“0”与“—”、“--”分别对应，就能方便地由二进制数转换成八卦图形，如图 1－2－2 所示。

二进制数：	000	001	010	011	100	101	110	111
卦 象：	☷	☶	☵	☴	☳	☲	☱	☰
卦名：	坤	艮	坎	巽	震	离	兑	乾

图 1－2－2

画卦和书写不一样，文字书写是自上而下、自外而内的，而画卦则相反，是自下而上、自内而外的。数字书写时，自左至右，先写最高位，后写最低位。而在八卦（六十四卦）与数字对应时，最下一爻对应数字的最高位，最上一爻对应数字的最低位，这种由 3 个爻构成的卦又叫三爻卦，6 个爻构成的叫六爻卦，3 爻构成的八卦、6 爻构成的六十四卦。

《易经》八卦（如图 1－2－3、1－2－4）生成跟二进制原理如此一致！也跟计算机应用技术中的数据结构中的二叉树的原理和过程完全相同！

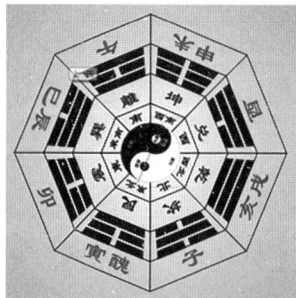

图 1 - 2 - 3　八卦太极图

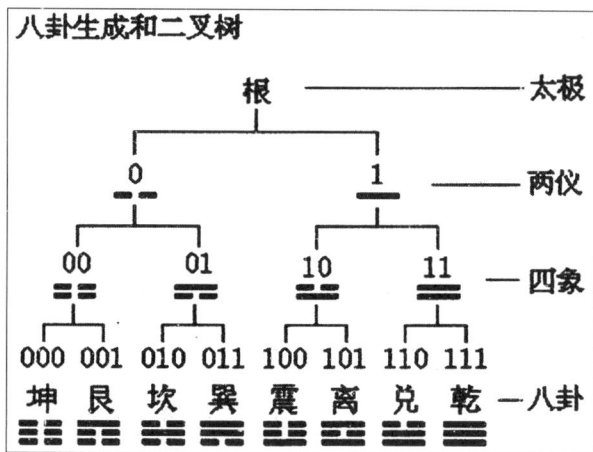

图 1 - 2 - 4

8. 《易经》与莱布尼兹发明二进制

从目前已知的西方历史文献中可以得知,中国的易经图于十七世纪二三十年代就已被世人称为二进制,并广为流传于欧洲。

莱布尼兹(Gottfried Wilhelm Von Leibniz,1646～1716)是德国著名的数学家和哲学家,他对法国人帕斯卡(Blaise Pascal,1623～1662)设计的世界上第一台机械式数字计算机——加法机很感兴趣,于是也开始了对计算机的研究。1666～1667 年间,莱布尼兹在纽伦堡学习时已开始接触中国古典哲学中的易经图,如卫匡国在《中国上古史》中译著的伏羲六十四卦方位图、柏应理在《中国哲圣孔子》所译著的太极八卦次序图、八卦方位图和文王六十四卦图。特别是他所看到的与其有过密切交往的斯比塞尔(Gottlied Spizel),于 1660 年编著出版的《De re litteraria Sinensium commentarius》(中文译为《中国文史评析》《中国文学》《论中国的宗教》等) 一书,其中对此已有较详细完整的介绍。

此后,大约是在 1672～1676 年间,莱布尼兹开始了 0 与 1 的二进制思考。他认为 1 象征神,0 象征虚无,是神和虚无创造了整个宇宙,他把自己的空想写了下来,送给当时派遣到中国的杰西特派的传教士,并叫他交给中国的皇帝,劝中国皇帝改信仰为基督教!

1679 年 3 月 15 日,他撰写了题为《二进算术》的论文,对二进制进行了充分的讨论,并建立了二进制的表示及运算。1701 年,莱布尼兹将关于二进制的论文提交给法国科学院,但要求暂不发表。1703 年,他将修改后的论文再次送给法国科学院,并要求公开发表。这是西方第一篇关于二进位制的文章,莱布尼兹在《皇家科学院纪录》上发表,标题为《二进制算术的解说》,副标题为"它只用 0 和 1,并论述其用途以及伏羲氏所使用的古代中国数字的意义"。自此,二进制开始公之于众。1716 年,他又发表了《论中国的哲学》一文,专门讨论八卦与二进制,指出二进制与八卦有其共同之处。

《易经》八卦、六十四卦中隐藏着二进制的计数原理,而二进制又在当今社会有着重要的应用——电子计算机,二进制之所以用在电子计算机上,就是基于电流的"流通"对应二进制的"1"与电流"断开"对应二进制的"0"两种情况。

反过来利用计算机来认识、理解周易八卦图和太极图又是有帮助的。即使是近些年用能把圆周率 π 的值计算到 2 000 多亿位数的大型计算机,也是把十进制的数字翻译成二进制之后再计算的。

二进制在现实世界中的应用,远远不只局限在数学领域中。毫不夸张地说,二进制的力量改变了整个世界。在过去的几十年中,科学家们发现,其实所有的信息都可以用二进制的编码来表达。也就是说,除了数字以外,语言、图像、声音也都可以表达为一连串的 0 和 1,比如莫尔斯电码那两个小小的符号,就是今天计算机系统中 0 和 1 编码符号的前身。

1.3 数星星与简单运算

像世界上的其他东西一样,算术有它严肃性的一面,也有它有趣的一面。

对于算术严肃性的一面,你可能已经非常熟悉了,不外乎是我们在学校里数学课上学到的内容,以及课后我们在作业中用到的算术:如何处理一列列的数字,如何把它们相加,如何把它们相减,如何把它们放进表格里进行计算,时不时还要用它们处理"小明"和"小红"在生活中遇到的算术问题等。算术严肃性的一面当然是非常实用和必要的,但对大多数人来说,它也时常让人感到枯燥无味、毫无乐趣。

算术趣味性的一面是怎样的呢? 大部分人对此都非常陌生,除非你接受的是培养教育工作者的数学教育。但其实,这并不像你想的那么高深莫测,只要拥有孩子般的好奇心,算术趣味性的一面就是一些十分自然、十分简单的内容。

那就让我们开启好奇心,一起来体验一下吧! 如果把数字想象成一组组小星星。比如,数字 5 就是如图 1-3-1 所示的一组星星。

☆☆☆☆☆

图 1-3-1

现在,你可能会觉得这种表示方法没什么意思,把数字表示成一组组星星,又能怎么样? 这组星星和那组星星有什么区别吗? 好吧,把数字表示成一组组星星确实不是什么惊人的创举,但是,先别着急下结论,让我们来挪动一下这些星星,情况可能就会大不一样。别忘了,人类的创造性不是表现在我们有什么东西,而是表现在我们如何使用东西上。

比如说,我们把着眼点放在分别有 1~10 颗星星的组别中。在这 10 组星星里,哪几组星星可以被摆成一个正方形呢? 显然,只有两组可以,那就是 4 颗星星那一组和 9 颗星星那一组(如图 1-3-2)。为什么呢? 因为 $4=2\times2$,$9=3\times3$,4 和 9 这两个数字是其他数字的平方,所以能够被摆成一个正方形,这样的数字我们称之为"平方数"。

☆ ☆   ☆ ☆ ☆

☆ ☆   ☆ ☆ ☆

☆ ☆ ☆

图 1-3-2

下面,我们再来看另外一个问题:在这 10 组星星中,有哪几组可以摆成一个两行,并且每行的星星数量一样多的长方形? 这个问题也不难吧:2、4、6、8、10 都可以,因为它们都是能被 2 整除的偶数。而剩下的 5 个数字——也就是奇数,就不能摆成星星数量相同的两行,不信你试试看,一定会有一颗星星多出来(如图 1-3-3)。

☆　☆☆　☆☆☆　☆☆☆☆☆　☆☆☆☆☆☆

☆　　☆☆　　☆☆☆☆　　☆☆☆☆☆☆

图 1-3-3

　　但是，如果把上图中的任意两组星星拼在一起，两组星星就可以组成一个规则的长方形（如图 1-3-4）。抽象成数学规律，那就是：奇数＋奇数＝偶数。

☆☆☆☆　　☆☆☆☆☆☆☆☆

☆☆☆☆　　☆☆☆☆☆☆☆☆

图 1-3-4

　　现在让我们把上面的游戏规则放宽一些，我们不仅考虑 10 以下的数字，也考虑大于 10 的数字；同时，拼长方形的时候，我们不要求星星一定要摆成两行，我们也接受行数多于 2 的长方形。在这样的条件下，我们可以发现，有些星星数量为奇数的组也能被摆成规则的长方形。比如，15 颗星星的一组可以被摆成一个 3 乘以 5 的长方形（如图 1-3-5）。

☆☆☆☆☆

☆☆☆☆☆

☆☆☆☆☆

图 1-3-5

　　于是，我们可以看出，虽然 15 毫无疑问是一个奇数，但它也是一个"可以被分解的数字"：15 可以被分解为 3 个"5"。这样的数字我们称之为"合数"。与 15 一样，我们小学学过的九九乘法表上的任何一个数字都可以被摆放成一个完整的长方形。

　　然而，我们不难发现，有一些数字，无论你怎么摆放，都不可能摆出一个完整的长方形（此处我们假设 1 行不算是一个长方形，两行或两行以上才算作长方形），无论你摆几行，总是会有多出来的星星。这些数字"脾气"古怪，完全无法被分解，除了把它们摆成一行以外，我们拿它们完全没辙。这类"脾气古怪"的数字就是我们常说的"素数"，有时也叫它为"质数"。

看,不同的数字的确有不同的结构特点,这些结构特点就是数字的"性格"和"脾气"。但是,为了充分了解数字的行为特点,我们不能只研究一个个孤立数字的性质,我们需要把它们摆放到一起,看看数字是如何相互作用的。

我们已经知道,奇数+奇数=偶数,那么如果从 1 开始,把连续的奇数相加会发生什么呢?

$$1+3=4$$
$$1+3+5=9$$
$$1+3+5+7=16$$
$$1+3+5+7+9=25$$
$$1+3+5+7+9+11=36$$
$$\cdots$$

有没有发现,这些连续奇数的和总是一个平方数(在前面的讨论中,我们已经介绍了平方数的概念,比如 4 和 9 就分别是 2 和 3 的平方,而且 $4\times4=16$,$5\times5=25$,$6\times6=36$,所以 16、25 和 36 也是平方数)。你可以很容易地验证,当你继续加上更大的连续奇数,这个规律仍然成立。事实上,这条规律是没有界限的,你可以一直往上加到正无穷大,从 1 开始的连续奇数的和永远会是一个平方数。那么,为什么会有这样的规律呢? 这些带着难看的附属物,永远也摆不整齐的奇数,为什么会和绝对对称、焕发着均衡美的光芒的平方数扯上关系呢? 其实只要把一组组星星按照正确的方式摆放,这条看似奇怪的规律就会变得十分明显。千万别小看排列星星的这种技巧,它就是优雅的数学证明的雏形!

其实,这其中的关键点是一个很简单的事实:所有奇数块的星星都一定可以摆成一个横边和竖边一样长的 L 字形。只要把多出来的那块星星放在 L 字横边和竖边的交界处,然后把剩下的星星分成相同数量的两组,分别作为 L 字的横边和竖边就可以了。然后,只要你把边长分别相差 1 的几个等边 L 字形叠加在一起,一直叠加到边长为 1 的 L 字形为止,你就一定会得到一个正方形。看了下面的图形(图 1-3-6),应该就一目了然了。

这种化数字为图形的思维方式,在一本作者为小川洋子(Dgawa Yoko,1962~)

★ ☆ ★ ☆ ★ ☆

☆ ☆ ★ ☆ ★ ☆

★ ☆ ★ ☆ ★ ☆

☆ ☆ ☆ ☆ ★ ☆

★ ★ ☆ ★ ★ ☆

☆ ☆ ☆ ☆ ☆

图 1-3-6

的小说《博士最爱的公式》中也有应用,它讲述了一个非常引人入胜的故事:一名聪明能干但没受过多少正规教育的年轻家政女工和她十岁的儿子受雇照料一位年迈的数学家。这位数学家脑部遭受了创伤性损伤,导致他只有几十分钟的短暂记忆,这位缺失长期记忆的数学家因此只能过着一种"活在当下"的生活。他终日困坐在自己的小房间里,除了数字,他已经什么都不记得了。出于想与人交流的本能,这位数学家试图和这位家政女工进行交流,但是他所掌握的语言只剩下数字了,所以他只能通过询问家政女工的鞋码和生日等数字,并对这些数字进行数学分析来达到交流的目的。数学家很喜欢家政女工的儿子,因为小男孩的头顶十分扁平,使他想到了根号的形状,所以他给这个小男孩起了个昵称叫"根号"。

有一天,数学家给"根号"出了一个小小的题目,他说:"根号,你能算出 1 到 10 这 10 个数字的和吗?"

经过认真的加法运算,"根号"小朋友回答说:"答案是 55。"

数学家又问:"有没有什么更巧妙的算法,不做加法就直接得到答案呢?"

"根号"小朋友有些生气,他踢着椅子大叫道:"不能做加法? 这也太不公平了吧!"

有趣的是,这位聪明的家政女工却慢慢地被数字的世界所吸引,她开始悄悄地试着解开数学家出的这道谜题。这个家政女工说:"我也不知道自己为何会被小孩子的数学题所吸引,这些问题千奇百怪,看起来也没有什么实际的价值,似乎只是小孩子的游戏罢了。一开始,我是有意识地想取悦我这位古怪的雇主。但是慢慢的,我只是单纯地在和这些题目较劲儿,非要把它们解出来。早晨,我一觉醒来,头脑中第一个出现的问题居然是数学家给出的这个算式:$1+2+3+4+5+6+7+8+9+10=55$。而且,这个算式一整天都在我的脑子里转来转去。这个算式就像刻在了我的头脑中,无论如何我都摆脱不了它。"

实际上,这位数学家给出的这道小谜题可以有多种解法。(试试看,你能找出几种?)在小说接下来的情节中,数学家自己给出了这样的解法:他说,1 到 10 这 10 个数字可以看作一组组的星星,这些星星可以被摆成一个三角形,第 1 行是 1 颗星星,第 2 行是 2 颗星星,以此类推,第 10 行是 10 颗星星(如图 1-3-7)。

☆
☆☆
☆☆☆
☆☆☆☆
☆☆☆☆☆
☆☆☆☆☆☆
☆☆☆☆☆☆☆
☆☆☆☆☆☆☆☆
☆☆☆☆☆☆☆☆☆
☆☆☆☆☆☆☆☆☆☆

图 1-3-7

上图有什么明显的特点?那就是这个长方形看起来不完整,似乎只有 $\frac{1}{2}$;而缺失的另外 $\frac{1}{2}$ 正好给了我们发挥创造力的空间。如果我们把图中的三角形复制一下,再颠倒一下,拼接到空白的地方,那么这个不完整的长方形就被我们补齐了。补齐后的矩阵形式更加简单:它是一个由 1 行星星组成的长方形,每一行有 11 颗星星,显然,补齐后,星星的总数是 110 颗。(如图 1 - 3 - 8)

图 1 - 3 - 8

我们知道,补全为长方形后,星星的总数增加了一倍。也就是说,原来的星星的颗数是现在的 $\frac{1}{2}$,用 110 除以 2,我们就可以轻松地知道原来星星的颗数是 55 颗。

这种借助数星星来做算术的方法,看起来可能有些奇怪,其实这是一种非常古老的计算手段,这种用实物代替数字的算法能够帮助你更直观、更形象地理解一些巧妙的计算方法,如果你也有一颗好奇的心,就请再举一些你身边的例子吧!

1.4 孤独的素(质)数

上一节我们提到过的一类数字,名字叫"素数",还记得吗? 这些家伙脾气古怪,如果用排星星的方法,无论怎么摆放,(除非排一行)都不可能摆出一个完整的长方形,总是会有多出来的星星,比如图 1 - 4 - 1 的 2、3、5、7。

☆☆　　☆☆☆　　☆☆☆☆☆　　☆☆☆☆☆☆☆
图 1 - 4 - 1

一首最近流行的歌曲《质数的孤独》唱到："……我们是孤独的质数平淡又无奇……"在孤独的问题上，素(质)数应该算是一个需要特殊关注的群体了。

保罗·乔尔达诺(Paolo Giordano，1983～　)写过一本畅销书《素数的孤独》，作者是意大利 80 后作家，粒子物理学博士，2008 年《素数的孤独》一经出版，即获得了意大利最高文学奖斯特雷加文学奖，这部悲伤的爱情小说的主要内容：马蒂亚和爱丽丝是两个像素数一样孤独的社会边缘人。因为不幸的童年，两人几乎失去了和别人交流沟通的能力。但是在彼此破碎的灵魂里，他们却找到了共鸣和救赎。在书里，作者这样写道：

素数只能被 1 和它自己整除。素数和其他数字一样，排在无穷无尽的自然数里，几乎被相邻的两个数字挤扁，虽然被挤压着，却又藏着一种格格不入的孤独。素数永远是可疑的、不合群的孤独者，所以马蒂亚喜欢素数。有时候，马蒂亚觉得素数一定是误入某种陷阱，才会被囚禁在自然数的序列里，就像珍珠被囚禁在项链里，永远无法逃离。有时候，马蒂亚又觉得也许素数最大的愿望就是变成一个普通的自然数，和别的数字一样正常，不再那么格格不入，但是，这个愿望永远不可能实现……

大学一年级的时候，马蒂亚学到这样一个知识点：素数中还有一些更为特殊的数字，数学家们称之为"孪生素数"。每一对孪生素数的位置相差不远，几乎可以说是邻居，但它们之间却总会插进一个偶数，硬生生把它们隔开。比如 11 和 13、17 和 19、41 和 43 都是孪生素数。如果你继续观察下去，就会发现孪生素数变得越来越少。越来越多孤立的素数存在于这个寂静的谜一样的空间里。越观察，你越会产生一个绝望的预感：之前发现的那些孪生素数也许只是偶然的巧合，而孤独、彻底的孤独，才是一个素数真正的宿命。但是，就在你准备放弃，觉得再也没有必要继续观察下去的时候，你又会碰到一对孪生素数，它们紧紧地依偎在一起，对抗着周围的冰冷和绝望。数学家们相信，不管你观察到哪里，前方一定还有更多的孪生素数，虽然没有人知道，下一对孪生素数会出现在哪里，但我们总会找到它们。

马蒂亚觉得，他和爱丽丝就是一对孪生素数。他们都很孤独，他们同样迷失在这个冰冷的世界里,他们是彼此唯一的安慰,但他们之间仍隔着不可逾越的障碍,他们永远无法真正地紧挨着彼此。

在这里,我觉得有必要挖掘一下这段悲伤的文字里提到的那些美丽的思想,特别是素数的孤独和孪生素数的宿命。这些问题是数论里的核心问题。数论的研究对象是整数和整数的性质。数论一直被认为是"最纯粹"的数学领域。高斯(Gauss,1777~1855)说:"数学是科学的女皇,数论是数学的女皇"。

在我们走进数论这个令人呼吸困难的领域之前,先让我们讨论一个问题。很多实用主义者都会问:数论到底有什么用处? 数论的实际应用主要表现在加密算法中。数论的性质决定了它是密码学的基础。每天,加密算法保护着我们的个人信用卡的网上支付功能,也保护着每个国家的军事机密。这种算法依赖于一个特殊的性质:一个巨大数字的素因数是非常难以求得的。

但是,数学家们迷恋素数并不是出于这个原因。对于数学家们来说,素数的魅力在于它们具有"基本的重要性"。素数之于算数,就好比原子之于物理。原子(atom)一词的希腊语词根是 atomic,意思是"不能被切开、不可分割"。在物理学知识中,所有的物质都是由原子构成的;在数学知识中,所有的数字都可以被分解成素数。比如,60=2×2×3×5,我们说,2、3、5 是它的素因数。

关于素数,最古老的问题是:素数有多少个? 远在 2000 多年前,古希腊数学家欧几里得(Eucod,约公元前 323~公元前 283)就证明了素数有无穷多个,其证法堪称优美的经典。同时也证明了"任何一个大于 1 的自然数要么本身就是素数,要么能分解成几个素数的连乘积"。这就是说,素数是构成自然数的"单位"。基于这种认识,人们发现许多有关自然数乃至整数的命题可以约简,之后只讨论相应的素数问题。例如,在数的整除性中,要证明某个整数能否被某数如 6 整除,只要验证它能否被 2 和 3 整除就可以了。所以,素数被称之为数的"原始"。

据说我国在翻译"prime numer"时,最初翻译成"质数"的原因就是跟质子是表示物质的最小单元类比,与力学中不能分解的质点具有同样的意义,都表示最单纯的和不可再分的意思。

那么,1 这个数字怎么办? 1 是素数吗? 它不是,它比素数还要孤独。

从道理上来说,既然数字 1 只能被 1 和它本身整除,1 除了是 1 也是它本身,只不过两种情况重叠了,因此它也可以是一个素数。但是,现代数学却决定把数字 1 从素数的队伍中赶出去,因为如果数字 1 是素数的话,有一个定理就无法成立,但是人类需要这个定理,我们一定要让这个定理成立。换句话说,人类重新定义了素数,无情地把数字 1 赶了出去。

什么定理这么重要?这个定理就是:任何数都能以唯一的方式被分解成几个素数的乘积。如果我们承认 1 是素数,那么"唯一的"这三个字就不再成立。比如说,6 可以分解成 6=2×3,也可以分解成 6=1×2×3,还可以分解成 6=1×1×2×3,诸如此类。只要数字 1 是素数,素因数分解的方式就不唯一。

好了,现在我们来认识一下这个大名鼎鼎的定理的真身吧!"任何大于 1 的自然数,都可以表示成素数乘积的形式,并且,如果不计因数的次序,这种表示法是唯一的。"这就是算术基本定理。

但凡称得上"×××基本定理"的,那都是在它们那个地盘上称"大哥"的存在,这个定理就是数论研究的基础之一,十分重要,它指出:任何合数都能唯一地分解成质因数乘积的形式。例如,把 30 240 分解素因数

$$30\,240 = 3\,024 \times 10 = 9 \times 8 \times 42 \times 10$$
$$= 3 \times 4 \times 5 \times 7 \times 8 \times 9$$
$$= 2^5 \times 3^3 \times 5 \times 7。$$

(本段文字如果你不大看得懂,请自动跳过)一般形式,设 $N > 1$ 的整数,则 N 可唯一地表示为 $N = P_1^{a_1} \cdot P_2^{a_2} \cdots \cdot P_i^{a_i}$,其中,$a_1 > 0$,$a_2 > 0$,$\cdots$,$a_i > 0$(均为自然数),$P_1 < P_2 < \cdots < P_i$(为素数)其被称之为 N 的标准分解式。

这个定理是怎样产生的呢?据说:《几何原本》就运用了它,并且也得出这一定理的关键性前提,但是《几何原本》中并没有提出来。19 世纪以前许多数论专家的著作也运用了类似的命题,但都没明确提出这个定理。

1801 年德国数学王子高斯在他所著的《算术研究》一书中正式公开提出并证明了这个定理,从而奠定了数论的理论基础。

1 被"抛弃"的故事揭示出数学发展的规则。有时候我们会单纯地认为,人类是先创造出定义,然后把这些定义刻在石头上,再根据这些板上钉钉的定义来推导定理。

其实,数学发展的真正规则并非如此。这种方法太过消极。人类才是数学的"主人",定义是依据人类的意愿确定的。尤其是当一个小小的改变就能让定理变得更严密的时候,我们是可以让数字 1 更"孤独"的!

好了,现在数字 1 已经被我们从素数的队伍里抛弃了,让我来看看剩下队里的诸位吧! 在人类对素数的了解中,最重要的一点是什么呢? 那就是素数是如此神秘、费解和古怪。没有任何人发现过求素数的通项公式! 与化学的元素不同,素数不服从任何简单的规律,我们发现了"元素周期表",却研究不出一张"素数周期表"。

前 10 个素数就足够给我们一个"下马威"了:2、3、5、7、11、13、17、19、23、29。首先,第一个数字 2 已经很神奇了:它很边缘,是所有素数中唯一的偶数。

除了数字 2 之外,其他素数都是奇数,但它们也很莫名其妙。看看每两个素数之间的距离:有时是 2(比如 5 和 7),有时是 4(比如 13 和 17),有时是 6(比如 23 和 29)。

为了理解素数到底有多神奇,我们看看奇数(这里只讨论正奇数):1、3、5、7、9、11、13…相邻奇数间的距离永远是 2,比鼓点还要准。所以,奇数可以用一个很简单的通项公式来表达,第 n 个奇数是 $2n-1$。而素数呢? 它们无组织、无纪律、毫无规律可言!

让我们来看看古人是怎么找素数的吧! 公元前 250 年左右,古希腊数学家埃拉托塞尼(Eratosthenes,约公元前 276～公元前 195)发现筛法,后人为纪念他,将其命名为"埃拉托塞尼筛法"。"筛法"的步骤是,写出 2, 3, …, 100, …, 2 作为第一个素数,把 2 留下,将后面所有 2 的倍数划去;2 后面第一个未划去的数是 3,3 是素数,把它留下,再把剩下的数中所有 3 的倍数都划去;3 后面的第一个未划去的数是 5,5 是素数,把它留下,再把剩下数中所有 5 的倍数都划去;5 后面第一个未划去的数是 7,7 是素数,把它留下,将 7 后面所有 7 的倍数划去;这样继续重复下去,最后留下的就是一列素数。100 以内的素数有:2、3、5、7、11、13、17、19、23、29、31、37、41、43、47、53、59、61、67、71、73、79、83、89、97,这一方法初中教科书中也有提及。

"埃拉托塞尼筛法"记载在希腊数学家尼科马霍斯(Nicomachus of Gerasa,约 100年前后)所著的《算术入门》中,才得以流传后世,书中称此法为"筛子"。关于这个名字也有不同的传说,有一种说法是之所以叫"筛子"是把"筛"理解为"筛选"之意,即筛去合数,选出素数;还有的说法是希腊人一般用涂蜡的板来计数或计算,因而每划去一个合数,就在上面点一个点,最后得到一个带有许多小点的蜡板,像一个筛子;再一种说法是希腊人用纸草计数或计算,要划去某数时干脆在纸草上挖去,最后形成的一张带有许多小洞的素数,就像一个筛子。

学生们经常被要求记住 100 以内的素数,这件事想着都头疼,25 个数要怎么记呢? 这里给大家提供一则顺口溜,能把它们串起来:

一位素数偶打头,2、3、5、7 记得熟;

两位素数不用愁,可以编成顺口溜:

十位见了 4 和 1,个位准有 1、3、7;

十位若是 2、5、8,个位 3、9 往上加;

十位若是 3 和 6,个位 1、7 跟在后;

十位一旦被 7 占,个位 1、3、9 出现;

19、97 最后算。

由于相邻素数间的距离很不规律这一现象,数学家们决定不再冥思苦想单个素数出现的规律,而是用统计学的方法,把素数当成一个整体来看。比如,我们来看一看素数在整数中究竟是如何分布的:小于等于 10 素数有多少个? 小于等于 100 的素数有多少个? 小于等于任意整数 N 的素数又有多少个? 要回答这些问题,需要用到一个统计学上的概念:累积分布和素数计数函数。介绍这两个家伙需要点篇幅我们就略过吧!

总之,数学家们研究发现,随着数字越来越大,素数变得越来越稀疏。也许,所谓素数的孤独,就是越往高处走越孤单、越疏离,俗话说得好:高处不胜寒。

在前 10 个正整数中,我们可以找到 4 个素数,也就是素数的比例可达 40%;前 30 个正整数中,我们可以找到 10 个素数,素数的比例约 33%。而在前 100 个正整数中,一共有 25 个素数,素数的比例下降到了 25%。那么,前 1 亿个正整数里素数占多大比例呢? 答案是:5%。

这些数据里隐藏着素数苍凉的命运,它们是越来越少的"濒危"物种。当然,素数不会在某一点后完全消失;沿着数轴一直向右,总还是会找到更大的素数——这一点欧几里得早已告诉了我们。素数是无穷的,但它们却越变越少,越变越稀疏。我们沿着数轴向右走得越远，就越难看到素数的身影。

通过上文提到的素数计数函数，数论学家把素数的"孤独度"度量了出来。素数的"孤独度"由相邻两个素数之间的距离来表示，如果 N 是一个非常大的数，那么 N 附近两个相邻素数间的平均距离是 $\ln N$（$\ln N$ 到高中会学，现在你可以把它当个数来看待），当 N 越大，$\ln N$ 这个数就可以越准确地预测相邻素数间的平均距离，这个结果叫作素数定理。1702 年，德国著名数学家卡尔·弗里德里希·高斯首次发现了这个定理，不过他并未以论文形式发表，那时的高斯只有 15 岁。（看吧，在没有手机和网游的年代，一个孩子的学术研究能力有多强！）

素数有什么性质，千百年来有无数的数学家和数学爱好者为之倾倒，比如最大素数、孪生素数、伪素数等。就拿"最大素数"这一问题，就有太多数学家度过无数不眠之夜，磨秃一支支笔，不知疲倦地研究，例如 1876 年法国数学家鲁卡斯（Anatole Lucas，1842~1891）证明了 $2^{127}-1$ 是当时最大的素数，这个素数有 39 位，这项用手工笔算的世界纪录，保持了 75 年之久，没有人能超越他，直到有了电子计算机，这一进程才开始加速。

1951 年，人们求出最大素数为 $180(2^{127}-1)^2+1$，有 79 位；1957 年，求出的最大素数为 $2^{3219}-1$，有 969 位；2001 年 11 月，加拿大 20 岁的青年米哈依尔·卡梅隆（Mikhail Cameron）发现了当时最大的素数是 $2^{13466917}-1$，有 4 053 946 位；2017 年 12 月 26 日，美国人乔纳森·佩斯（Jonathan Pace）发现的最大素数，一整本书只印了一个数，即 $2^{77232917}-1$，这是目前为止人类发现的最大素数，共计 23 249 425 位数。

有同学会觉得奇怪，为什么要花这么大力气找更大的素数呢？其实，找到更大的素数还是次要的，更重要的是在于从软件的角度激发人们的创造性，发明新的、更强大的数学算法；从硬件角度是为了不断促进和提升计算机的运算效率和运算速度，以便促进科技进步。

而本章中提到的另外两个少年马蒂亚和爱丽丝，则以另一种方式告诉我们素数的美。希望你可以感受到孪生素数的神奇之处。随着数字的增大，孪生素数虽然越来越稀少，却仍能坚持"存在于这个寂静的谜一样的空间里"，始终有只隔一个数的孪生素数的存在，这实在是一件非常神奇的事情。

总有一些感天动地的爱情可以战胜命运。在数轴延展至极远的位置，计算机仍然帮我们找到了真爱无敌的孪生素数。孪生素数猜想告诉我们,这样的数字永远不会消失。

1.5 分数与小数

1. 不连续和连续的量

生活中,我们可以说"屋里有多少个人",但不能说"水桶里有多少个水",对于水只能说多少而不能说多少个。这样,多少个和多少之间是有明显区别的。

像糖这样的东西,一个独立存在、数量可数的量就是不连续量;比如,人、动物、房屋等,在数他们时时总是说 1,2,3,…,称为自然数或正整数。

像水这样的连续不分离的量就称连续量。水无论分到多么细小或是把两个桶里的水倒在一起,仍然是连续的水,不会看到接缝。

不过,不连续量和连续量也并不是绝对的。比如像米一类的东西我们可以看成是连续量,但若一颗一颗数时它又是不连续的了。再比如说:"有位妈妈要给三个孩子分吃两个土豆,因为不好分割,就把土豆做成了土豆泥,分给三个孩子吃了。"

原始人类,在数树木的果实和野兽这样的不连续量时,就说 1,2,3,… 自然数就行了。随着农业和集体生活的发展,比如把能种粮食的地平均分给社员;10 个人打了3 只野猪,需要分给 19 个人时,都涉及测量连续量的问题。

2. 用单位测量

两个不连续量的大小是可以直接进行比较的。比如,3 朵花比 5 朵花少 2 朵等。但是,如果比较两根竹竿,我们就不会数个数,而是把它们并在一起来比较竹竿长短了。不过有些连续量却不能直接比较,如上海东方明珠塔和中央广播电视塔不能并在一起,这就需要找到一个其他的量间接比较了。可以选择一根小竹竿,看看它们分别是小竹竿的多少倍,如果东方明珠塔是小竹竿的 468 倍,中央广播电视塔是小竹竿的405 倍,因为 468>405,我们就可以说东方明珠塔比较高,这根小竹竿在这里就是用来作间接比较的量,有点类似于各种生意的中介,中间人的角色,人们慢慢就把这根小竹竿的长度当成了长度的单位(比如叫做 1 米)。

由于间接比较而产生的单位,除了长度单位,还有重量、体积、货币单位都是如此。用间接量比较可是人类文明的一大进步,我举一个例子你就很清楚了。原始社会人类开始都是进行物物交换的,用三个瓜与五个枣进行交换,这里就有很多限制,不方便储藏、携带等等,自从贵金属(如黄金、白银)成了衡量价值的尺度后,人类社会就迅速地发展起来。(这好像该是历史上讲的)

要说间接量的作用,大家都熟悉的"曹冲称象"的典故就是一例。刚才说到同一个事物判断是连续量还是不连续量不是绝对的,要从不同的角度看,如果我要测量大象的重量,那么他就是个连续量,用石子代替分割的大象,相当于把大象的重量这个连续量变成了石头这个不连续量。

因此,学会测量连续量转化成为数不连续量的方法后,对于已经数了成千上万年数的人类,再学着测量像重量、距离这类的连续量也就成为了可能。

不过,在把连续量分割成不连续量时,产生了一个存在零头的问题。用 1 米的尺来量绳子的长度时,大多数情况下都要剩下不够 1 米的零头。若用 1 米来量,量了 3 次后剩下了零头,该怎样量下去呢? 其方法有二:

方法一是从改善工具入手,它的结果是产生了小数。制作比 1 米小的单位,再用此单位量剩下的零头。如把 1 米的 $\frac{1}{10}$ 规定为 1 分米,若用分米量了 4 次,那么零头就有 4 分米,金属丝的全长就是 3 米零 4 分米。如果仅用米来表示,就出现了 3.4 米的小数表示方法。如果还余下了零头,再把 $\frac{1}{10}$ 分米规定为 1 厘米,即 $\frac{1}{100}$ 米来量,若量得结果为 5 厘米,那么全长就是 3.45 米。如此细分下去,每当有余下的部分时,就将尺度再细分 $\frac{1}{10}$,这样就产生了多位小数 3.45⋯米。

方法二是用 1 米尺和绳子交替细分,它的结果是产生了分数。这里举个古希腊木匠用过的方法,试用 1 米的尺来测量绳子,结果有 2 米和若干零头,如果要知道这个零头是 1 米的几分之一,就必须用该零头来分割 1 米的长度,若分了 4 次,那么零头就是

$\frac{1}{4}$ 米,可以说全长就是 $2\frac{1}{4}$ 米,如此就产生了分数。

我国在春秋时期(公元前 770~前 476)的《左传》中有"大都不过三国之一,中五之一,小九之一"的记载,意思是说各国诸侯国的都城最大者不得超过周文王都城的 $\frac{1}{3}$,中等的不超过 $\frac{1}{5}$,小的不超过 $\frac{1}{9}$。公元前 3 世纪在战国齐人写的工艺书《考工记》中有"十分寸之一谓之枚"的记载。($\frac{1}{10}$ 寸＝1 枚。"枚"字相当于后来的"分"字)

在《算数书》《周髀算经》《九章算术》等古算术数中都有一套完整的分数系统、概念、运算等分数理论。例如,《九章算术》的"合分术"给出了分数定义:"实如法而一不满法者,以法命之。"〔译文:被除数(古代叫"实")除以除数(古代叫"法"),如果除不尽,就定义了一个分数〕

相比我国用算筹表示分数,欧洲人采用罗马数字和单分数,这种笨拙计数制的使用,造成了他们对分数认识和应用的巨大障碍,直到中世纪,印度—阿拉伯数字及其运算传入欧洲后,惧怕分数的状况才有所改变。

另外,1175 年阿拉伯数学家阿尔·哈萨首先发明了我们现在用的分数线符号,如"$\frac{1}{2}$",1845 年英国数学家德·摩根(Augustus de Morgan,1806~1871)发明了斜分数线,如"1/3"。

3. 分数的意义

测量连续量一般总是要剩有零头的,因此其得数就成了分数或小数,即分数和小数是从连续量抽象出来的,因此,计算时应当时时记住分数和小数都是连续量。

学了分数之后,大家都知道分数的计算比整数困难很多。首先,分数的难点之一是对分数意义的理解,一般来说,分数都有以下两个意义:

第一个意义,可以看作分数加法,例如 $\frac{2}{3}$ 可以看作是由两个 $\frac{1}{3}$ 合起来的,即 $\frac{2}{3}=\frac{1}{3}+\frac{1}{3}$,于是 $\frac{3}{4}$ 就是 3 个 $\frac{1}{4}$ 合起来的:$\frac{3}{4}=\frac{1}{4}+\frac{1}{4}+\frac{1}{4}$。

第二个意义,可以把一个分数看作两个整数的除法,例如 $\frac{3}{4} = 3 \div 4$,因此,$3 \div 4$ 可理解为 $\frac{1}{4} + \frac{1}{4} + \frac{1}{4}$,知道了这一点很关键。

试将 3 张纸分成四等份。要是把它们横着排起来分,是难以体现 $\frac{1}{4} + \frac{1}{4} + \frac{1}{4}$ 之意的。但如果我让 3 张纸重叠起来再分成四等份,这样一来,马上就会明白 3 张纸片的道理。(如图 1 - 5 - 1)

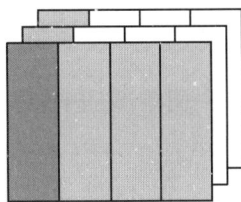

图 1 - 5 - 1

这样,$3 \div 4 = \frac{1}{4} + \frac{1}{4} + \frac{1}{4}$ 就显而易见了。

4. 分数的性质

分数的难度之二还在于其表示的方法。例如整数的表示方法只有一种,像 123,就这一种写法,小数也一样,像 1.23,也就这一种写法。可是,即便是相同的分数,也各有各的写法。例如 $\frac{1}{2}$ 还可以写作 $\frac{2}{4}$,也可写作 $\frac{3}{6}$,照这样分子分母扩大两倍可以写出无数个来,虽然结果相同,可表现不同。

$\frac{1}{2}$ 之所以能写成许多变化形式,其原因就是分数存在着这样的基本性质:"分数的分母和分子不论是乘以相同的数,还是除以相同的数,其分数的大小都是不变的(当然这个"相同的数"不能为零)。"

为了理解这个规则,可利用纸片说明。例如 1 张纸的 $\frac{2}{3}$ 就是图 1 - 5 - 2 中阴影的部分。在这张纸片中一个小块为 $\frac{1}{3 \times 2} = \frac{1}{6}$,而阴影部分的块数为 $2 \times 2 = 4$,由于有 4 块就变为占全体的 $\frac{2 \times 2}{3 \times 2} = \frac{4}{6}$。 然而,由于用横线分割后的阴影部分仍保持原样,所以有 $\frac{2}{3} = \frac{2 \times 2}{3 \times 2} = \frac{4}{6}$。

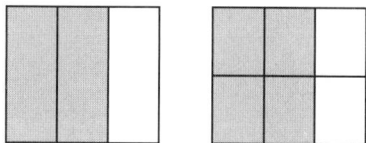

图 1 - 5 - 2

同样,若进行 3 等分,就可成为 $\frac{2\times3}{3\times3}=\frac{6}{9}$,继续进行 4 等分、5 等分,就成为图

1 - 5 - 3 所表示的情形,这样 $\frac{2}{3}=\frac{2\times2}{3\times2}=\frac{2\times3}{3\times3}=\frac{2\times4}{3\times4}=\frac{2\times5}{3\times5}=\cdots$

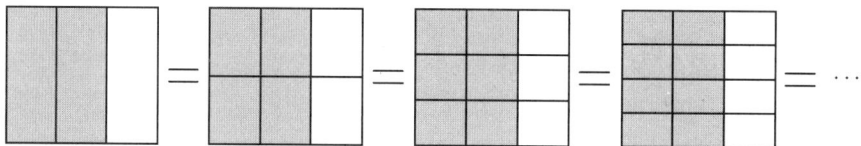

图 1 - 5 - 3

由此就可明白"分数的分母和分子乘以同样的数,其大小不变"这个道理。另外,

如想从 $\frac{2\times2}{3\times2}$ 得出 $\frac{2}{3}$ 来,就可将分母和分子都用 2 来除,则其大小仍然不变。将 $\frac{4}{6}$ 的

分母和分子都除以 2 得出 $\frac{2}{3}$,通常把这叫做约分。显然,运用了分数的基本性质后,分

数的值是不变的,仅仅是改变了外形而已。

5. 分数的比较

比较两个小数,可以一目了然,因为将小数点对齐,若从高位开始进行比较则是很

容易看出的。例如比较 4.321 和 5.123,立刻就可知道 5.123 大。

然而,区别分数的大小就困难得多,不过我们也有很多种方法降低难度。例如我

们不能观察后立即说出 $\frac{2}{3}$ 与 $\frac{5}{8}$ 哪个大。如果运用分数的第二个意义,按 $\frac{2}{3}$ 是 $2\div3=$

$0.666\cdots$,$\frac{5}{8}$ 是 $5\div8=0.625$ 来考虑,把它们都化成小数来比较,就知道 $\frac{2}{3}$ 大,这是方法

之一。

　　下面再介绍第二个方法,也可以利用正方形纸片来作说明(如图1-5-4)。把两张正方形纸片一张竖着分一下,一张横着分一下。假设纸片的中间是透明的,把两张纸片重叠起来。这样,一个小块就成了 $\frac{1}{3 \times 8} = \frac{1}{24}$。从而形成一方为 $\frac{2 \times 8}{3 \times 8} = \frac{16}{24}$,一方为 $\frac{5 \times 3}{8 \times 3} = \frac{15}{24}$,我们就知道了 $\frac{16}{24}$ 比 $\frac{15}{24}$ 大,也就知道原数 $\frac{2}{3}$ 比 $\frac{5}{8}$ 大,这个方法的实质是运用了分数的基本性质。

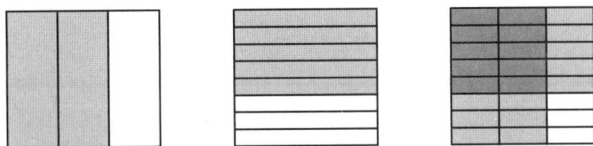

图1-5-4

　　上面的分数运用了把两个不同分数的分母换算成相同的分母,即适当地把分母都扩大到24,写成算式则为 $\frac{2}{3} = \frac{2 \times 8}{3 \times 8} = \frac{16}{24}$ 和 $\frac{5}{8} = \frac{5 \times 3}{8 \times 3} = \frac{15}{24}$,像这样将分母不同的分数化成分母相同的分数的过程,就叫做通分。比较分母不同的分数的大小就转化为比较通分后两同分母分数的分子的大小。

6. 单位分数

　　上面我们说到像 $\frac{2}{3}$ 这样的分数可以写成 $\frac{1}{3} + \frac{1}{3}$。像 $\frac{1}{3}$ 和 $\frac{1}{5}$ 等,把分子为1的分数叫做单位分数。但是你知道怎么把 $\frac{2}{3}$ 写成几个不同的单位分数吗? 这件事还真没那么容易,而且写出的结果还不是唯一的形式。但是埃及人对把一个分数分成几个单位分数这件事有谜一样的执着,没有史料中有详细的记载他们为什么这样做,估计是埃及人信奉的神灵对他们的要求吧! 正因为他们用单位分数作为基础进行分数计算,人们常常也将单位分数称为埃及分数。

据埃及的《莱因德纸草书》中记载，当时埃及的数学家费了很大的苦心才发现 $\frac{2}{17}=$ $\frac{1}{12}+\frac{1}{51}+\frac{1}{68}$，其计算的方法是非常复杂的。甚至还不辞辛苦地制作并填写了如何把 $\frac{2}{3}$ 到 $\frac{2}{101}$ 化成单位分数表。

有人会问："是不是任何分数（其实是正分数）都可以写成有限个不同的单位分数的和呢？"，"如果单位分数够用，用埃及人的做法，能表达出所有正分数吗？"

这两个问题的答案都是肯定的。不过证明过程需要更多的数学知识背景，不在我们的讨论范围。

我们想重点说说怎么才能把正分数写成几个单位分数之和。方法其实有很多，其中一个叫贪吃算法："假设有分数 $\frac{p}{q}$，首先找到最大的但不超过 $\frac{p}{q}$ 的单位分数，作为第一个单位分数，然后看看剩下了什么，如果是单位分数的话，那就完事了；如果还不是的话，那就重复之前的操作；直到最后一定能写成几个单位分数和。例如：把 $\frac{5}{22}$ 写成单位分数的和，用贪心算法应该怎么写呢？

依照上面的方法，首先写出的第一项就是 $\frac{1}{5}$，也就是 $\frac{5}{22}=\frac{1}{5}+\frac{3}{110}$。

$\frac{3}{110}$ 还不是单位分数，但 $\frac{3}{110}=\frac{1}{37}+\frac{1}{4\,070}$，

所以，$\frac{5}{22}=\frac{1}{5}+\frac{1}{37}+\frac{1}{4\,070}$。

但"贪心"总是不好的，这个方法要碰运气，不确定分解成几个单位分数，而且分解后的单位分数的分母可能会很大。

我们自然是喜欢，分解的单位分数的个数少一点，单位分数的分母再小一点比较好。有这种方法吗？还真有。比如：

把 $\frac{1}{6}$ 写成两个单位分数的和，并且把几种可能的形式都写出来。

简单地说分为四步，即：找、扩、拆、约四步。

找：就是找分母的约数。本题分母 6 的约数有：1、2、3、6。（因为只有使一个最简分数的分子、分母扩大的倍数的数值等于它分母的约数和时，分子才能约分化简为 1）

扩：分子、分母同时扩大倍数。（根据题意，不仅要将 $\frac{1}{6}$ 改写成两个单位分数的和，并且还要求把几种可能的形式都写出来，所以，必须将 6 的约数依次两两组合成两个约数的和，作为分子分母扩大的倍数，才能出现所有形式）

1、2、3、6，两两相加可以组合成：

$1+2=3$；$1+3=4$；$1+6=7$；$2+3=5$；$2+6=8$；$3+6=9$。

拆：把分数拆成两部分。

约：分拆好的两个分数，各自约分化简。这样，把 $\frac{1}{6}$ 表示成两个不同的单位分数的和，共有以下 6 种情况：

(1) $\frac{1}{6}=\frac{1}{2\times3}=\frac{1\times(1+2)}{2\times3\times(1+2)}=\frac{1+2}{2\times3\times3}=\frac{1}{18}+\frac{1}{9}$；

(2) $\frac{1}{6}=\frac{1}{2\times3}=\frac{1\times(1+3)}{2\times3\times(1+3)}=\frac{1+3}{2\times3\times4}=\frac{1}{24}+\frac{1}{8}$；

(3) $\frac{1}{6}=\frac{1}{2\times3}=\frac{1\times(1+6)}{2\times3\times(1+6)}=\frac{1+6}{2\times3\times7}=\frac{1}{42}+\frac{1}{7}$；

(4) $\frac{1}{6}=\frac{1}{2\times3}=\frac{1\times(2+3)}{2\times3\times(2+3)}=\frac{2+3}{2\times3\times5}=\frac{1}{15}+\frac{1}{10}$；

(5) $\frac{1}{6}=\frac{1}{2\times3}=\frac{1\times(2+6)}{2\times3\times(2+6)}=\frac{2+6}{2\times3\times8}=\frac{1}{24}+\frac{1}{8}$（重复）；

(6) $\frac{1}{6}=\frac{1}{2\times3}=\frac{1\times(3+6)}{2\times3\times(3+6)}=\frac{3+6}{2\times3\times9}=\frac{1}{18}+\frac{1}{9}$（重复）。

注意到，(1)和(6)、(2)和(5)两对是重复的，为什么呢？

因为"$1+2=3$ 和 $3+6=9$"、"$1+3=4$ 和 $2+6=8$"都是倍数关系，到约分的环节，(5)和(6)分子分母的倍数约分化简掉了，变成了(2)和(1)。拆分的结果相同，只取一组即可。最终 $\frac{1}{6}$ 写成两个单位分数的和共有 4 种形式。

7. 分数乘法的意义

当分数有了通分的办法后,对于分数的加减法就顺理成章了,分母相同的分数相加减,只要对它们的分子相加减,分母不变,就得到了运算结果;对于分母不同的分数相加减,只要多做一步——通分,把它们先变成分母相同的分数,之后按相同分母的分数加减法运算即可。

例如:同分母的 $\dfrac{2}{7} + \dfrac{3}{7} = \dfrac{2+3}{7} = \dfrac{5}{7}$。

异分母的 $\dfrac{2}{3} - \dfrac{5}{8} = \dfrac{2 \times 8}{3 \times 8} - \dfrac{5 \times 3}{8 \times 3} = \dfrac{16}{24} - \dfrac{15}{24} = \dfrac{1}{24}$。

那么分数乘法的意义该怎么理解呢? 对于自然数乘法,比如:

1 斤牛奶 5 元,买 3 斤,总价为:$5 \times 3 = 15$(元);

公式为:单价×数量=总价;

乘法的意义:3 个 5 相加。

这时如果把数量改成 1 斤半,原式就变成 $5 \times 1\dfrac{1}{2}$,根据乘法的意义,这里的"×"就不能理解成重复相加了,那应该怎样理解"×分数"的意义呢?

现在我们重新考虑公式"速度×时间=距离"。

以时速 5 千米走了 $\dfrac{2}{3}$ 小时,根据意义算出行程分两步:

第一步算出 $\dfrac{1}{3}$ 小时的行程为:$5 \div 3$ 千米;

第二步算出 $\dfrac{2}{3}$ 小时的行程为:$5 \div 3 \times 2$ 千米,

即除以分母再乘上分子就行了。

因此若规定 $5 \times \dfrac{2}{3}$ 就是 $5 \div 3 \times 2$,则"速度×时间=距离"这一公式在分数世界里也是适用的。通常,我们也把"$\times \dfrac{2}{3}$"读作"……的 $\dfrac{2}{3}$"。 这样我们现在可以总结出:

"$\times \dfrac{2}{3}$"、"……的$\dfrac{2}{3}$"、"$\div 3 \times 2$"三种表述的意义相同。

如果像这样来规定乘分数,理解"单价×数量＝总价"就顺理成章了。这个公式同样能在分数世界里推广使用。例如 1 升单价 10 元的牛奶,计算$\dfrac{2}{3}$升的总价,则有

$\dfrac{1}{3}$升为:$10 \div 3$ 元;

$\dfrac{2}{3}$升的总价为:$10 \div 3 \times 2$ 元。

另外,长×宽＝面积,同样在分数世界里也适用。例如,长 5 米,宽$\dfrac{2}{3}$米的长方形面积为:长 5 米,宽 1 米,面积 5 平方米;

长 5 米,宽$\dfrac{1}{3}$米,面积$(5 \div 3)$平方米;

长 5 米,宽$\dfrac{2}{3}$米,面积$(5 \div 3 \times 2)$平方米。

也就是,若"$\times \dfrac{2}{3}$"就等价于"$\div 3 \times 2$"的意思,则"长×宽＝面积"这一公式在分数世界里也同样适用。

虽然上述不过是几个实例,但由此不难推理出:当明确规定了"×分数"的意义后,带有"×"的公式就对于无论是整数还是分数的世界里都照样成立了。

8. 分数除法的意义

对于分数的除法,如果从纯算术的角度,根据除法是乘法的逆运算,我们是比较容易解决的,学过的同学会记得老师说"除以一个数等于乘以这个数的倒数",比如:

因为$\dfrac{1}{2} \times 2 = 1$,所以 $1 \div \dfrac{1}{2} = 2$(除法是乘法的逆运算);

又因为$1 \times 2 = 2$,所以 $1 \div \dfrac{1}{2} = 1 \times 2$,则"除以一个数等于乘以这个数的倒数"得证。

但你考虑过分数除法的实际意义吗？为了解答这种疑问,首先知道"除以"是"分割"的意思,例如:

把 3 米长的绳,分割为 $\frac{1}{2}$ 米即 50 厘米长的绳,能分成多少根?

凭借常识我知道 1 米的绳子可分成 50 厘米长的两段,3 米长的绳子自然分为 $3 \times 2 = 6$(段)。

若写出公式并以米为单位就是 $3 \div \frac{1}{2} = 6$(段)。

再考虑稍复杂点的例子:

把 6 米长的竹竿分成 $\frac{2}{5}$ 米长的小段,能分多少根?

第一步先把整个竹竿分成 2 米长的分段,即 $6 \div 2 = 3$,能够分成 3 根。

第二步再将 2 米长竹竿 5 等分,每份就成了 $\frac{2}{5}$ 米长的竹竿了。

因为是 3 根的 5 倍就是 $3 \times 5 = 15$(根),

写成算式为: $6 \div 2 \times 5 = 15$(根)。

由上面两例我们不难发现规律,若使除以分数一般化,则有下列规则:

"除以分数时,就是除以分子,乘上分母。"即"$\cdots \div \frac{a}{b} = \div a \times b$。"

所以就有:"除以分数时,等于乘以将该分数分子和分母调换位置后的分数(即乘以原分数的倒数)。"

我们讨论"除以分数"的意义在哪里呢? 理解了它的意义就不容易犯如下错误:

$$6 \div \left(\frac{6}{5} + \frac{3}{4} \right) = 6 \div \frac{6}{5} + 6 \div \frac{3}{4} = 6 \times \frac{5}{6} + 6 \times \frac{4}{3} = 5 + 8 = 13,$$

根据常识 $6 \div 1.95$ 不可能是 13。正确的计算过程:

$$6 \div \left(\frac{6}{5} + \frac{3}{4} \right) = 6 \div \left(\frac{24}{20} + \frac{15}{20} \right) = 6 \div \frac{39}{20} = 6 \times \frac{20}{39} = \frac{40}{13}。$$

通过比较两种解法,发现上题错的表象是"因为除法不满足对加法的分配律",那如果我要再问"为什么除法不满足对加法的分配律呢?",估计就有人回答不上来了,解释的原因还是要用上面讲的除以分数的意义。

好了,"×分数"、"÷分数"的法则就是变成整数的两次计算。这个法则告诉我们数学进步的秘密:即把一个相对复杂的或陌生的问题,通过各种方法转化成两个、三个,甚至更多个简单或我们熟悉的问题加以解决。如果能掌握这个法宝,在今后的数学世界中,你就会逐渐地体会到它的威力!

9. 小数的意义

小数和分数的关系,可以理解为拿 10,100,1000,…作分母的分数。所谓测量长度和重量等连续量,就是看它是单位量的多少倍。但往往是有零头的,出现零头时的处理,前面已叙述过了。那就是以余量为基础去除以单位量。如果单位量是余量的 4 倍,我们就可以知道余量是单位量的 $\frac{1}{4}$,这就是对分数的考虑方法。而将单位量进行细分就是小数的考虑方法。将单位量分成十等份,用 1 份去除余量,如为 2 倍,那么余量就是单位量的 0.2 倍。

分数可以说是用在没有更加精密的计量仪器的测量方法之前,而小数则可以说是用在有精密的计量仪器测量方法之后。因此,人类是先认识正整数和分数,在很久以后才发明小数。

我国是世界上最早认识、应用小数的国家,但在西方数学史上把小数发明权归功于欧洲的数学家斯蒂文(Simon Stevin,1584～1620)等人,这是有失偏颇的。

我国小数概念与表示法源于公元 3～4 世纪。三国时数学家刘徽(约 225～约 295)在公元 263 年注释《九章算术》时就指出开方不尽时,可用十进分数(小数)来表示。他在少广章第 16 题后"开方术"注说:"微数无名者以为分子,其一退以十为母,其再退以百为母。退之弥下,其分弥细……"大意说:一个数开方开不尽,就用十进分数(小数)表示。当微数无名为分子,第一位以 10 为分母,接着以 100 为分母,这样继续下去,得到一系列十进分数。"微数"就是整数与小数部分的统称。

公元 4 世纪的《孙子算经》中记载:"度高所起,起于忽,十忽为一丝,十丝为一毫,十毫为一厘,十厘为一分。"这里"分"是整数与小数的分界。

　　类似的记载很多,这表明我国最早提出了小数概念与表示法等。小数的名称是13 世纪我国元代数学家朱世杰(1249～1314)提出的。同一时期又出现了低一格表示小数的记法。例如:63.12 记作 ⊥|||_|| 等,这是世界上最早的小数表示方法。

　　中国的十进小数传入印度、阿拉伯以后,印度人改用圆圈表示小数部分,如 42.56 表示为 42⑤⑥;由于印度—阿拉伯数字传入在欧洲,15 世纪以后,许多数学家开始认识与使用小数。例如,比利时工程师斯蒂文在 1584 年出版的《十进小数》(又译为《数学简论》),仅有 7 页的小册子中第一次陈述了小数的理论,并给出小数记法,今天记为13.456 的小数当时记为 13₀4₁5₂6₃,圆圈中的数字表示位数,这种记法显然并不比几百年前印度人的记法高明多少。直到 1593 年以后,才由德国数学家克拉维斯(Clavis,1537～1612)用我们现在通用的小圆点". "表示小数点。不过现在还有一部分国家用逗号", "表示小数点符号。

10. 分数化小数

　　把有限小数变为分数是非常容易的,只要将小数点去掉后作为分子,再在 1 的后面加上 0,其个数为原小数的小数点后的位数,以此做分母就行了。例如:

$$1.23 = \frac{123}{100}; \quad 0.618 = \frac{618}{1\,000}。$$

　　然而将分数变为小数就有点问题了。分数可按照分子÷分母那样计算,如:

$$\frac{1}{2} = 1 \div 2 = 0.5, \quad \frac{2}{5} = 2 \div 5 = 0.4, \cdots$$

问题在于除不尽时怎么办。例如:

$\frac{1}{3} = 0.333\cdots$ 永远不会结束。

我们可以在这无限重复的数字上加个"·"来表示,即

$0.333\cdots = 0.\dot{3}$;

$\frac{4}{11} = 0.3636\cdots$,是按 36 重复,我们就记作 $0.\dot{3}\dot{6}$;

$$\frac{1}{7} = 0.142857142857\cdots = 0.\dot{1}4285\dot{7}。$$

上面这几个例子都是除不尽的小数,它们的特点是:从小数部分的某一位起,有一个或几个数字依次不断地重复出现,这样的小数叫做循环小数。那个在小数部分中依次不断地重复出现的第一个最少的数字组,叫做这个循环小数的循环节。从上面的经验我们得到一个大胆的假设:"在将分数化为小数时,如果不能化为有限小数,则必定能化为循环小数。"它成立吗?那是要证明的!

例如,我们知道 $\frac{1}{7} = 0.\dot{1}4285\dot{7}$ 是循环小数,那么能不能在不做除法运算的情况下证明 $\frac{1}{7}$ 是循环小数呢?答案是肯定的。

首先注意一下每进行一次除法运算得出的余数。因为用 7 来除,余数必定为比 7 小的数,即只有 0、1、2、3、4、5、6 这 7 种情况。

余数若为零,那就是除尽了,是有限小数,所以不会有 7 种情况,真正出现的是 1、2、3、4、5、6 这 6 种。这里若进行 7 次"除法运算",仅比 6 次多一次而已,为什么要进行 7 次呢,就是看 1、2、3、4、5、6 这 6 个数字哪一个出现两次。实际上计算一下,必定知道出现两次的是哪个数字,然而即便不计算,也知道必定会有一个数字出现两次。

若出现两次,则在此以后的计算就是相同的计算,当然小数也就成了重复的了。

在上述证明过程中所使用的逻辑推理,称做"抽屉原理",也称为"鸽巢原理",是一位叫做狄利克雷(Johann P. G. Lejeune Dirichlet,1805~1859)的德国数学家首先提出来的。

要把 7 块巧克力放到 6 个抽屉中,无论怎样放,必有一个抽屉里面放着至少两块巧克力,这一现象我们称它为"抽屉原理"。这不仅仅是 6 个抽屉放 7 块巧克力才有的问题,像有 100 个抽屉放 101 块巧克力,也是必定要有一个抽屉至少放两块巧克力的。其实如果换个场景推广到一般情况可以说:假如有 $n+1$ 只鸽子要飞回 n 个鸽巢中去,其中必定有一个鸽巢里至少有两只鸽子。

因此,不仅仅是 $\frac{1}{7}$,即使是一般的分数,若化不成有限小数,就一定可化成循环小数,而且其循环的节长一定比分母的数要小。

以上所述可归纳为："把分数化为小数时,不是有限小数,就是无限循环小数。"

11. 小数化分数

上面我们说过有限小数化为分数是容易的,那么怎么将循环小数化为分数呢?

例如,怎样将 $0.11\cdots=0.\dot{1}$ 化为分数?

首先根据 $1\div9=0.\dot{1}$,

所以 $0.111\cdots=0.\dot{1}$ 就是 $\dfrac{1}{9}$,

即 $\dfrac{1}{9}=0.\dot{1}$。

那么,其他的如 $0.\dot{2}=2\times0.\dot{1}=\dfrac{2}{9}$, $0.\dot{7}=7\times0.\dot{1}=\dfrac{7}{9}$ 等循环节是只有一位数字的循环小数都可以迅速化为分数。

这里提个思考题:"根据 $0.\dot{1}=\dfrac{1}{9}$,那么 $0.\dot{9}=9\times0.\dot{1}=\dfrac{9}{9}=1$ 对吗? 也就是说 $0.\dot{9}=1$"怎么感觉哪里不对? $0.999\cdots$ 不是无限接近 1 吗? 怎么会 $0.999\cdots=1$? 在本书讲到方程时会对这一神奇的等式做进一步解释,并且在极限中给出等式成立的原因。

接着有人会问,循环节是两位数字的循环小数怎么化成分数呢? 例如, $0.121212\cdots=?$

如前所述,首先试探得 $0.121212\cdots=12\times0.010101\cdots$

再根据除法运算,所以

$$0.1212\cdots=12\times0.010101\cdots=12\times0.\dot{0}\dot{1}=12\times\dfrac{1}{99}=\dfrac{12}{99}(\text{化简后为}\dfrac{4}{33})。$$

思考到这里,就会明白,有更多数字的循环节也是同样的做法。即循环小数化为分数的方法为:有几位循环节分母上就会出现几个 9,而分子就是循环节。例如:

$$0.\dot{1}23\dot{4}=\dfrac{1\,234}{9\,999},$$

$$12.\dot{3}4\dot{5}=12+0.\dot{3}4\dot{5}=12+\dfrac{345}{999}=12\dfrac{345}{999}(\text{化简后为}12\dfrac{115}{333}),$$

$$0.12\dot{3}\dot{7}=0.12+0.003\dot{7}=\frac{12}{100}+\frac{0.\dot{3}\dot{7}}{100}=\frac{3}{25}+\frac{1}{100}\times\frac{37}{99}=\frac{3}{25}+\frac{37}{9\,900}=\cdots$$

由此可知,全部无限循环小数都能化为分数。因此分数不是化成有限小数就是化为无限循环小数,即可表示为分数$\begin{cases}有限小数,\\无限循环小数。\end{cases}$

无限小数一定是循环小数吗? 回答是否定的。例如,0.10100100010000100000 1…,在 1 和 1 之间加上 0,若开始是加 1 个 0,之后是加两个 0,再后加三个 0,依此类推,也就是每次增加 1 个 0,像这样的排列方法,不论是取哪一节,都是不循环的。

由于分数不是有限小数就是无限循环小数,所以无限不循环小数是不能化为分数的。即不能写作$\frac{整数}{整数}$的数叫做无理数,0.10100100010…就是无理数的一个例子。关于无理数的产生和用途还将在后面进一步讨论。

现在总结下,我们了解了自然数、有限小数和循环小数—分数、无限不循环小数。有了这些数,就能把自然界中全部的长度、全部的重量、全部的时间这些连续量,无遗漏地表示出来。

有人说数学是用逻辑演绎的学问,依理可以推导。确实,数学是在所有的自然科学中依靠逻辑推理最多,而依靠实践经验最少的学问。不过,这是相对而言的,其实数学除了与逻辑有关,与现实也关系密切。

像"速度×时间=距离"、"单价×数量=总价"、"长×宽=面积"……中的量,在现实生活中不仅有整数,更多时候可能是分数,分数×分数的法则也是在实践中产生的,并不是数学家凭空设想的,只不过比其他学科的抽象程度更高些而已。

另外,像"乘法是加法的重复"、"先乘除后加减"等的规则,也是基于实践中的大量事实而得出的。

数学很多最底层的基础也是基于现实的,只不过数学总是习惯把现实抽象化,来体现事物的本质,但大部分人却是基于现实的生物,像"神谕"一样的数学语言,如"咒语"一般的神奇规律,只有不断修炼自己,练就一双慧眼,成为经常能透过事物表象看穿本质的人才能理解它,而被它表象吓倒或经常带着主观意识的人看它总像蒙了一层神秘的面纱!

1.6 圆周率 π 的传奇故事

众所周知,π＝3.1415926… 可以说,它是世界上最有名的无理常数了,代表的是一个圆的周长与直径之比或称为"圆周率"。在 1706 年,英国数学家琼斯(W. Jones,1675～1749)提出用希腊字母 π(因为 π 是希腊语 περιφρεια——边界、圆周之意)表示圆周率,中学数学大量应用了 π 值。但是关于计算、背诵 π 的历史,我们知道的却不多,它是数学中最富传奇色彩的问题之一。

1. π 为什么是常数?

如果你是一个爱问为什么的思考者,可能心里在想一个问题:为什么所有圆的圆周率都一样? 大圆和小圆的圆周率是否会不同? 答案是:不会。所有圆的圆周率都一样。要严格证明这个结论并不容易,这里先想象一下:

假设我们有一台复印机,运用这台复印机的缩放功能,把圆形的图像放大或缩小,比如说我们把一个圆的形状放大一倍,变为原来的两倍。因为我们用的是复印机,这样做以后,新产生的大圆图像中的所有距离都比小圆放大了一倍,包括圆的周长和直径。那么,当我们根据定义计算大圆的圆周率时,分子和分母上的两个 2 应该互相约掉,所以大圆的圆周率和小圆的圆周率完全一致。

接下来我们严格证明:(如果对证明感到恐惧的请跳过下面一段)"圆的周长与直径之比确实是一个常数"。

如图 1-6-1 所示,以点 O 为圆心作两个半径不同的圆,小圆的半径为 r_1,周长为 C_1;大圆的半径为 r_2,周长为 C_2。分别作两个圆的内接正 n 边形(n 为偶数),边长分别为 a_1 和 a_2,且保证两个 n 边形过圆心的对角线重合。

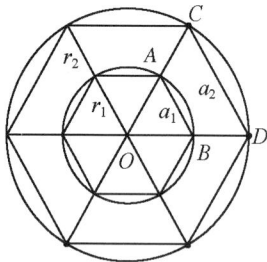

图 1-6-1

由$\triangle OAB \backsim \triangle OCD$,得到$\dfrac{a_1}{r_1} = \dfrac{a_2}{r_2}$,所以$\dfrac{na_1}{r_1} = \dfrac{na_2}{r_2}$,当$n \to \infty$时,$na_1 \to C_1$,$na_2 \to C_2$

所以就有$\dfrac{C_1}{r_1} = \dfrac{C_2}{r_2}$成立,表示的是:对于半径不同的圆,其各自周长与半径的比为定值,记该常数为2π,则圆的周长与直径之比为π,当然就是一个常数。

当然,以上的推导并不能告诉我们圆周率π的值有多大。拿出最原始的工具——绳子和尺子,我们就会发现圆周率的值约为3。但是我们还不满意,我们想知道圆周率π的精确值,或者至少知道圆周率π在我们选定的任何精度要求下的估计值。怎么才能做到这一点呢?这个问题把我们的祖先们难住了。

2. 阿基米德的智慧

阿基米德(Archimedes,公元前287~公元前212)在2200多年前就已经通过计算得到了精度高达99.9%的π。那么他当年是怎么计算π的呢?

简单说,就是如图1-6-2所示的用圆的内切正多边形和外接正多边形来逼近,当这个多边形的边数$n \to \infty$的过程中,内切正多边形的周长和外接正多边形的周长逐渐逼近于同一个数值,这个数值就是圆的周长,再用周长除以直径就得到了圆周率π。

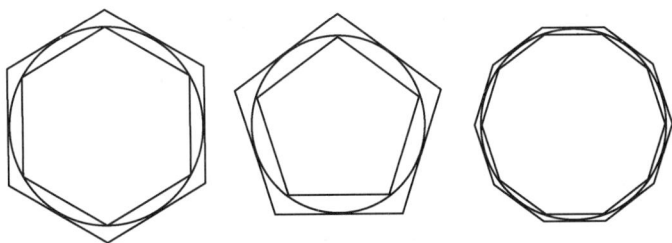

图1-6-2

由下表1-6-1可以看到,当正多边形的边数到达64时,已经有了不错的精度,公元前250年人们还没有发明小数,人们只能用分数来近似计算,当近似项增多,误差就会随之增大,在这种情况下,阿基米德算到了正96边形,得到π的值在$\dfrac{223}{71}$到$\dfrac{22}{7}$之间,如果用小数表示阿基米德算出的圆周率范围是3.1408~3.1429,计算精度达到了

99.9%,在那个时代已经是很高的精度了。

表 1-6-1

边数	内接多边形的周长	外切多边形的周长	π 的估值	精确度(%)
4	2.828 427 125	4	3.414 213 562	91.322 206 973
8	3.061 467 459	3.313 708 499	3.187 587 979	98.535 923 322
16	3.121 445 152	3.182 597 878	3.152 021 515	99.668 039 026
32	3.136 548 491	3.151 724 907	3.144 136 699	99.919 020 520
64	3.140 331 157	3.144 118 385	3.142 224 771	99.979 879 075
128	3.141 277 251	3.142 223 630	3.141 750 440	99.994 977 489
256	3.141 513 801	3.141 750 369	3.141 623 085	99.998 744 854
512	3.141 572 940	3.141 632 081	3.141 602 511	99.999 686 244
1 024	3.141 587 725	3.141 602 510	3.141 595 118	99.999 921 563
2 048	3.141 591 422	3.141 595 118	3.141 573 270	99.999 980 391
4 096	3.141 592 346	3.141 593 270	3.141 592 808	99.999 995 098
8 192	3.141 592 577	3.141 592 808	3.141 592 692	99.999 998 774
16 384	3.141 592 634	3.141 592 692	3.141 592 663	99.999 999 694

阿基米德使用的这种方法现在我们叫作"穷竭法",这种方法把一个未知数 π 限制在两个已知数之间,然后不断挤压这两个已知数,让这个范围越变越小。多边形的边数不断增加,π 的取值范围就不断减小,最终无限逼近于 π 的精确值。

3. π 的精度的意义

注意观察的人们都会发现关于 π 在生产、科研中的运用只需要计算小数点后几位便可以了,在中学数学的计算当中,更是只需要 π 取 3.14 就够用了,为什么人们会用上千年不断追求 π 值的精确度呢?

德国数学家康托尔(G. Cantor,1845～1918)说得好:"历史上一个国家所算得的圆周率的准确程度,可以作为衡量这个国家的数学发展水平的指标。"这是其中一个原因,同时也是对不断追求知识探索的人的奖励。从今天看来,人们无休止地计算 π 值到几十上百亿位,主要原因还是通过计算 π 值,显示一个国家的数学算法的先进水平,以及为了检验或证明计算机的优良程序和计算机运算速度快,而超级计算机的运行速度和效率又是当下衡量一国综合国力的标志之一。所以,今后还会有人不断突破纪录。

4. π 的历史演化与中国人的贡献

早在公元前 1 世纪,我国的《周髀算经》中就有记载"周三径一"这一结论,意思是"直径是一的圆的周长大约是三",即 π=3。

圆周率是一个近似值,历史上早些时候,大都采用实验的方法而得到其结果。例如:古埃及纸草书中取 $\pi = \left(\dfrac{4}{3}\right)^4 = 3.1604$;古印度的《绳经法》中取 $\pi = 18(3 - 2\sqrt{2}) \approx 3.088$。

这些都是只能精确到小数点后一位,能精确到小数点后两位的就是上面提到的古希腊的阿基米德了,而公元 3 世纪我国的刘徽,用"割圆术"也算出了 π 的准确值达到两位小数,即 π≈3.14。刘徽在数学上最重要的贡献之一就是为我国的《九章算术》做注解。

相传有一天,刘徽来到一个打石场散心。他看到一群石匠在加工石料。石匠们接过一块四四方方的大青石,先砍去石头的 4 个角,石头就变成一块八角形的石头,然后再砍掉 8 个角,石头变成了 16 角形。这样一斧一凿地敲下去,一块方石就在不知不觉中被加工成了一根光滑的圆石柱了。

刘徽看呆了,突然间,脑子里灵光一闪,他赶紧回到家里,立刻动手在纸上画了一个大圆,然后在圆里面画了一个内接正六边形,用尺子一量,六边形的周长正好是直径的 3 倍。然后,他又在圆里面画出内接正 12 边形、正 24 边形、正 48 边形……他惊喜地发现,圆的内接正多边形的边数越多,它的周长就和圆的周长越接近。最后,他把这种求圆周率的办法称为"割圆术"。

利用割圆术,刘徽算出了圆的内接正 192 边形的周长是直径的 3.14 倍,即 $\dfrac{157}{50}$。

人们为了纪念刘徽的功绩,就把 $\pi = \dfrac{157}{50} \approx 3.14$ 称作"徽率"。

不过,到了南北朝(公元 4 世纪),奇迹出现了,我国数学家、天文学家祖冲之(429~500)算出的 π 值准确到小数点后 7 位,即 $3.141\,592\,6 < \pi < 3.141\,592\,7$,时间大概在公元 480 年左右,他还得到两个 π 值的近似分数值(应用中用分数有时十分方便)。

密率: $\pi = \dfrac{355}{113}$ (记忆方便,奇数 113 355),其精度居然达到了 99.999 99%。

约率: $\pi = \dfrac{22}{7}$,顾名思义就是密率精度高,约率的精度稍低一些。

"他的这项伟大成就比国外数学家得出这样精确数值的时间,至少要早 1000 年",1913 年,日本数学家三上义夫建议将"密率 $\dfrac{355}{113}$"称为"祖率",以表彰祖冲之的功绩。在西方,密率直到十六世纪才被发现。分别由德国数学家奥托(Otto,1550~1605)于 1573 年,荷兰工程师安托尼兹(Antonis,1543~1620)于 1585 年("密率"在欧洲也被称为"安托尼兹率"),各自独立重新发现。

15 世纪初,阿拉伯数学家阿尔·卡西(Al-Kāshī,1380~1429)打破了祖冲之保持千年的世界纪录,得出 π 的 17 位精确小数值。后人打破前人计算 π 准确值的事件接踵而来,一代胜过一代,特别是 1610 年德国数学家路多尔夫·范·科伊伦(Ludolph Van Ceulen,1540~1610),几乎用大半生的时间从事 π 值计算工作,最后将 π 值计算到小数点后 35 位,该数被命名为"路多尔夫数",他死后遵其遗嘱,将 35 位小数作为他的墓志铭。计算 π 值的位数像马拉松一样,被一代又一代人延续着。

1706 年,英国数学家马辛(也叫马青,John Machin,1686~1751)计算 π 值突破 100 位大关。

1873 年,英国数学家尚可斯(W. Shanks,1812~1882),将 π 值计算到小数点后 707 位。可惜,75 年后的 1948 年,英国数学家弗格森发现,该数从 528 位起是错误的。虽说有误,但精神可嘉。

1948 年,弗格森(Fergnson,1884~1960)和美国的伦奇(Wrench,1911~2009)两人共同发表了 π 的 808 位小数,成为人工计算 π 值的最高纪录。

1949年，由于电子计算机诞生，人们开始用计算机计算 π 值，将 π 值算到 2 032 位小数，突破千位。从此，后人不断突破前人纪录。例如，1959 年突破万位，1961 年突破10 万位，1973 年突破 100 万位……

1989 年 5 月，美国哥伦比亚大学的研究人员丘德诺夫斯基兄弟用巨型计算机算出 π 值小数点后 4.8 亿位。同年 8 月又算到 10 亿位，但兄弟俩还不满足，又夜以继日地计算 π 值，1994 年又改进算法，并使用新型计算机将 π 值算到 40 亿位。计算机运算费时 50 多个小时。

1995 年 10 月，日本金田康正(Yasumasa Kanada)把 π 值运算到了小数点后 64.4亿位，这是当时所知的最新纪录。

几十亿的数字打印出来，是个什么概念呢？有人计算过说，假设每厘米打印 6 个数字(这已小得看不清了)，整个数字的长度也接近 7 200 公里。

延伸阅读

1. 巧记圆周率

　　相传民国时，云南某山村脚下有一学校，校内的一位教书先生和山中寺庙的一位和尚相交甚好，两人常聚在一起喝酒聊天，谈天说地。为了稳住学生，防止学生们在他不在时乱跑，就每天布置一些有难度的作业，这天他让学生背圆周率，而且要背到小数点后 22 位数字。这下学生犯难了，谁背不下来谁就要挨板子，先生心安理得地去与和尚饮酒去了。学生们左背右背也背不下来，这时有位聪明的学生将背圆周率的苦差事与先生上山喝酒的乐事联系起来，编了个顺口溜：山巅一寺一壶酒，尔乐苦煞吾，把酒吃，酒杀尔，杀不死，乐尔乐！

　　3.14159　26535　897　932　384　626！

　　这样同学们都通过这个顺口溜很快背熟了圆周率的小数点后 23 位，先生回来后发现没有难住同学们感觉既无奈又惭愧，此后竟认真地教起书来。

2. 祖冲之与 π 的故事

　　祖冲之,字文远,祖籍郡道县(今河北涞水县),出自官宦之家,祖父掌管土木建筑,是天文、算历世家。祖冲之从小喜欢钻研古代经典,"博览群书",勇于实践,特别对天文历法和数学产生了浓厚的兴趣。用他自己的话说,就是"专攻数术,搜练古今",这里的"搜"、"练"两字,刻画了他的治学方法和精神。他最终成为一个自学成才的伟大科学家。

　　祖冲之青年时代在刘宋政权的华林学省从事研究工作,后到南徐州(今江苏镇江市)担任从事史,不久又回来担任公府参军、娄县(今昆山市东北)令、诸者仆射(专管朝见,宾飨等礼仪之事)、长水校尉(掌宿卫军职,四品高干职位)等官职。

　　这期间,他利用一切业余时间从事天文历法和数学研究。他一方面"搜",即博览群书,吸取精华;另一方面又"练",即不因循古法、墨守成规,而是"由表及里,去芜存精"。他既崇尚抽象理论,又注重理论的应用,主张通过实践去检验真理,而不"虚推古人"。例如,他认为刘徽算出 π≈3.14 不够精密,便去探求最佳值,算出精确到小数点后七位的 π 值。

　　公元 463 年,他完成了《大明历》,那时他刚好 33 岁。历法是各朝代天文学家科学研究的课题之一,因为历法关系到农业生产和国计民生(国家经济,人们的衣、食、住、行),所以修改编历是各朝代官员的重要工作之一。祖冲之的《大明历》比旧历好,但受到守旧派反对。在新旧历法的"辩议"中,他力排众议,驳得有权势的守旧派哑口无言。但因当政皇帝故去,所以没有及时采用。祖冲之在数学、天文历法上贡献很多,最大成就是对圆周率的研究,以及算出正确的球体体积公式,纠正《九章算术》中的错误,完成刘徽试图纠正而未竟的工作。

　　这里有必要介绍一下祖冲之算出 π 值的史实。据《隋书·律历志上》记载:"古之九数,圆周率三,圆径率一,其术疏舛。自刘歆、张衡、刘徽、王蕃、皮延宗之徒,各设新率,未臻折中。宋末,南徐州从事史祖冲之,更开密法,以圆径一亿为一丈,圆周盈数(过剩近似值)三丈一尺四寸一分五厘九毫二秒七忽,朒数(不足近似值)三丈一尺四寸一分五厘九毫二秒六忽,正数(指圆周率值)在盈朒二限之间。密率,圆径一百一十三,圆周三百五十五。约率,圆径七,周二十二……"(译文:古代的数学,都认为圆的周长是3,直径就是1,这个数值是很不精密的。刘歆、张衡、刘徽……这些人虽然分别提出过新的圆周率值,但是也未能求出使人满意的结果。到宋朝末年,南徐州从事史祖冲之提出更好的圆周率值。他把1亿那么大的半径算做1丈,比圆周长大的过剩近似值是3.1415927丈,比圆周长小的不足近似值是3.1415926丈,圆周长的长度正好在过剩近似值和不足近似值之间。因为已经假定了圆的直径是1丈,所以,正数在它们之间。密率就是$\pi=\dfrac{355}{113}$,约率:$\pi=\dfrac{22}{7}$。

这段史料包括三个结论:

第一,$3.1415926<\pi<3.1415927$;

第二,"密率"为$\dfrac{355}{113}$;

第三,"约率"为$\dfrac{22}{7}$。

祖冲之获得π值精确到小数点后第七位是当时的世界纪录,是用算筹工具算出来的。他每算一次,就要重新在桌面上摆一次算筹,可见当时运算工作之苦、精细之深。筹算的功劳,令人叹服。

祖冲之在研究数学、天文学的同时,还通晓机械制造、音乐,并且是一位文学家。他重造过指南车,改进过水碓磨,创制过一般的"千里船",还著有小说《述异记》,论述或注释过《易经》《老子》《论语》这些经典著作。晚年,祖冲之在南朝首都建康(今南京市)任职时,提出《安边论》,主张"开屯田,广农殖",兴建大业,巡行四方。这些主张虽然没有办到,但说明了祖冲之是一位具有政治眼光的人。

祖冲之成就卓著,不仅在中国科学史上,而且在世界数学史上都占有重要的地位,享有很高的声誉:法国巴黎的"发现宫"科学博物馆的金壁上镌刻着他的名字和计算出的 π 值;苏联莫斯科大学礼堂的廊柱上镶嵌了他的肖像;1960 年年初,在月球东经 148°、北纬 17°的地方的一座环形山脉被命名为"祖冲之山";1964 年,南京紫金山天文台发现 1888 号小行星,经国际小行星科学组织批准命名为"祖冲之星"。

2000 年 10 月,先在祖冲之当过县令的娄县(今江苏昆山市)召开他逝世 1500 周年大会,后又在他的祖籍河北涞水县落成"祖冲之纪念馆",一所学校被命名为"祖冲之中学"。

祖冲之,他的祖父、父亲精通天文、历算,他的儿子和孙子也精通历算、数学,可谓数学、天文学世家。

祖冲之的儿子祖暅,又叫祖暅之,字景烁,他"少传家业,究极精微,亦有巧思入神之妙",也是一位博学多才的数学家,创立"祖暅原理"。还有一个趣味故事。据传,北魏有一位官吏,拿了表面上极其相似的两个铜龙,叫祖暅判断它们的体积是否相等。祖暅看了后,拿出一根丝线量了对应高相等的两个地方的周长,计算出两条龙一处的截面积相等,另一处的截面积不相等,立刻判定这两条铜龙体积不等。后来,铜匠们证实,铸铜龙时所耗的铜料果然不等,这让这位官吏惊叹不已。

祖暅之曾三次上书朝廷建议采用祖冲之的《大明历》,最终实现了父亲的遗愿。他的工作主要是修补祖冲之的《缀术》,并重著《缀术》若干卷,由于原书失传,无法知道其具体的内容。此外,他还著有《刻经》《天文录》,前书失传,后者存有残篇。

祖暅之在建筑工程方面是专家。公元 516 年,当朝派他修筑浮山堰,他认为土质不好不能建堰,皇帝不肯,迫使他建。当年洪水泛滥,该堰崩溃,洪水使下游百姓生命财产损失巨大。为此,他冤枉入狱。出狱以后,精败气衰。晚年他曾帮助目录学家编纂天文和数学部分目录,在悲愤中辞世。

祖冲之的孙子祖皓,也是"少传家业,善历算",继承父辈事业,亦是天文学家、数学家,文武双全。梁武帝大同年间曾先后担任江都(今江苏江都县)县令和广陵郡(今江苏扬州市)太守。在梁武帝末年"侯景之乱"中,起兵声讨侯景,兵败被俘,惨遭"车裂"之刑。

从此,五世相继的"祖冲之天文、数学世家"绝迹。

3. 抛掷出来的 π 值

圆周率 π＝3.14⋯ 是一个无限不循环小数(无理数),历史上人们通过各种各样的办法来计算 π 值。法国博物学家、数学家蒲丰(Comte de Buffon,1707～1788)发觉不需要复杂的计算,只要有足够的耐心,在采用抛掷一枚针的游戏中就可得到 π 的近似值。

1777 年的一天,他约了许多好朋友到家里来玩。正当朋友们玩得很尽兴的时候,蒲丰突然拿出一张大白纸来。他在白纸上画满了等距离的平行线。然后,他又拿出许多长短一样的小针,并且每根小针的长度都是平行线间距的一半。

蒲丰将身子面对着大家说:"好了,请你们随意地把这些小针扔到白纸上。"朋友们感到很奇怪,都不知道蒲丰想干什么。他们相互之间看了看,只好将小针一根根地往白纸上扔。在朋友们扔的时候,蒲丰在旁边紧张地记数。

等大家都扔完了。蒲丰告诉大家,自己将大家扔的次数统计了一下,一共扔了 2 212 次,其中与直线相交了 704 次,用 2 212 除以 704,等于 3.142。

蒲丰这才对大家说:"朋友们,你们看出来了吗?这个结果非常接近圆周率。"大家都很纳闷,圆周率 π 怎么跟这些随意扔出的结果扯上了关系?

蒲丰接着说:"看样子你们还是不信?我们可以继续试验,每次得出的结果都是圆周率的近似值,并且扔的次数越多,结果越接近。"

1901 年意大利人拉兹里尼进行这个游戏实验时,耐心地投掷了 3 408 次,求得结果是 ≈3.141 592 9。

亲爱的读者,对于这个有趣的实验,你知道它的原理是什么吗?

1.7 负数与负负得正的法则

1. 负数发展的历史

人们在生活中经常会遇到各种相反意义的量。比如,在计算粮仓存米时,有时要记进粮食,有时要记出粮食。为了方便,人们就考虑了相反意义的数来表示。可见正负数是生产实践中产生的。

据史料记载,早在两千多年前,我国就有了正负数的概念,掌握了正负数的运算法则。人们计算的时候用一些小竹棍摆出各种数字来进行计算。这些小竹棍叫做"算筹"。

三国时期的学者刘徽在建立负数的概念上有重大贡献。刘徽首先给出了正负数的定义,他说:"今两算得失相反,要令正负以名之。"意思是说,在计算过程中遇到具有相反意义的量,要用正数和负数来区分它们。

刘徽第一次给出了区分正负数的方法。他说:"正算赤,负算黑;否则以邪正为异",意思是说,用红色的小棍摆出的数表示正数,用黑色的小棍摆出的数表示负数;也可以用斜摆的小棍表示负数,用正摆的小棍表示正数。

我国古代著名的数学专著《九章算术》(成书于公元一世纪)中,最早提出了正负数加减法的法则:"正负数曰:同名相除,异名相益,正无入负之,负无入正之;其异名相除,同名相益,正无入正之,负无入负之。"这里的"名"就是"号","除"就是"减","相益"、"相除"就是两数的绝对值"相加"、"相减","无"就是"零"。

用现在的话说就是:"正负数的加减法则是:同号两数相减,等于其绝对值相减,异号两数相减,等于其绝对值相加。零减正数得负数,零减负数得正数。异号两数相加,等于其绝对值相减,同号两数相加,等于其绝对值相加。零加正数等于正数,零加负数等于负数。"

这段关于正负数的运算法则的叙述与现在的法则基本一致。负数的引入是我国数学家杰出的贡献之一。

印度是第二个提出负数的国家，628 年左右的婆罗摩笈多（Brahmagupta，约 598～665）提出了负数的运算法则，并用小点或小圈记在数字上表示负数。

欧洲认识负数有一个漫长的过程，初步出现负数概念，最早要算意大利数学家斐波那契（Leonardo Fibonacci，1175～1250）。他在解决一个盈利问题时说：我将证明这个问题不可能有解，除非承认这个人可以负债。卡当（Jerome Cardan，1501～1576）在 1545 年给出了方程的负根，但他把它说成是"假数"。

17、18 世纪，人们逐渐承认了负数，伟大的数学家和物理学家牛顿（Newton，1643～1727）在《代数讲稿》中明确叙述了正、负数的加法法则，他写道："……当负数的数量大于正数的数量，它们的和是负的。"同样地，在叙述关于多项式方程解法的命题时，他表述"最大的正根"和"最大的负根"时在括号中进行补充解释："……就是距离原点最远的点，"牛顿用"到原点的距离"这个几何概念作为比较正、负数大小的方法，将正、负数都直接看成距离。不过从"距离原点越远负根越大"看出牛顿对于负数的认识还是有偏差的。

一直到 19 世纪末人们才开始尝试用现在的符号表示负数，到 20 世纪初渐渐为一些数学家采纳，F·克莱因（F. Kline，1849～1925）在思考数轴图时评价道："……负数作为今天所有受教育人士共有的知识……（这）主要归功于温度计的普遍传播。"

从上述史料中不难发现，人们认识和接受一个数学概念还是相当缓慢的，所以如果我们在学习中遇到了困难也是很正常的事情，而且了解数学概念的形成和发展过程，看看历史中数学家在哪里遇到困惑，对我们克服它们也是很有借鉴价值的。

认识和运用负数是一个困难的过程。为了对这一历史发展过程有充分的体验，就让我们简单经历这一过程吧！

2. 数中的反义词

数从生活中抽象出来，它和语言之间具有一些明显的相似之处。在语言中把具有正反意思的一对词称作反义词，例如名词中"上"和"下"、"右"和"左"、"外"和"内"等。在动词中作为反义词的例子有"去"和"回"、"出"和"入"、"赚"和"赔"、"胜"和"负"等。在形容词中也有"大的"和"小的"、"新的"和"旧的"、"美的"和"丑的"等。

在数的世界中当然也需要反义词,正数和负数即正和负就是这样诞生的,可以说就是数的反义词。

在一条直线上所谓"向右前进 1 米"和"向左前进 1 米",是互为相反的动作,"赚了 1 元"和"赔了 1 元"也是正好相反的动作。在这种情况下,同是 1 米,但向右前进 1 米和向左前进 1 米的方向正相反;同是 1 元,赚了 1 元和赔了 1 元则迥然不同。为了能用数清楚地表示这种不同,也就因此引入了正和负。

将向右前进 1 米表示为"正 1 米",则向左前进 1 米就是"负 1 米";将赚了 1 元表示为"正 1 元",则赔了 1 元当然就是"负 1 元"。这样,正 1 元和负 1 元就是相反意义的量。

上面给大家举的例子都是好理解的,事实上,稍加留意你就会发现在日常生活中,人们其实一直在使用各种各样有趣的途径,千方百计地绕过令人害怕的负数。政府财政支出大于财政收入而形成的负数,记录时用红字处理,所以称为财政赤字。在历史书上,秦帝国建立的年份被表示为公元前 221 年,这也是为了不写出 -221 这个令人不安的数字。地下停车场所处的楼层被标记为 B1 层(地下一层)、B2 层(地下二层)等,因为人们不喜欢看到 -1 层、-2 层这样的标示。温度的表示恐怕是唯一的例外,人们在语言表达时说:"室外温度为零下 5 摄氏度",但在文字表达上一般为:"室外温度是 -5℃"。小小的负号好像带着某种令人恐惧的魔力,负号是如此"负面",以致大家总是唯恐避之不及。

也许现在你会觉得负数很好理解呀!为什么人们还要想办法回避呢?实际情况远没有这样简单。除了我们生活中时常碰到负数的概念,数学自身也会产生负数。比如减法会产生负数,如果你只有 2 块糖,而我非要从你那里拿走 3 块,会产生什么样的结果呢? 显然,现实中我无法成功地拿走 3 块糖,因为你根本没有那么多块。但是,如果发挥想象,你手里有 2 块糖,我拿走 3 块,而你则剩下负 1 块。这个过程可以表示为 $2=3+$"负 1"。

负数的概念要比正数抽象得多,从来没有人见过负 1 块糖长什么样子,更加没法吃到负 1 块糖。但是,通过抽象的思维,我们可以想象出负 1 块。实际上,要想在数学的世界中继续前进,就需要学会想象抽象的概念。

3. 负数的数学表达

如果把向右前进 1 米、2 米、3 米……按向右递增表示为 1，2，3…我们把数放在一条直线上表示，起始点规定为 0，从 0 向右表示向右前进的米数，则向左前进 1 米、2 米、3 米……就应当是从 0 向左来表示（如图 1-7-1）。

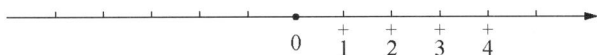

图 1-7-1

还应给负数建立不同的表达形式，否则在表示和计算上都会感到不便。当然，这种表示可随意规定，古时曾将"1，2，3，4，…"倒过来，用"І，2，3，4，…"表示负数。

显然，这种表示不合理，因为不便于计算。因此，现在不采取这种完全不同的数字，而是采用在原来的数字上加以适当修正的办法，就像在自然数中引入分数时的做法那样，不论 $\frac{2}{3}$ 或 $\frac{3}{4}$ 都是由 1，2，3，4…这些数组合而成的，不必要建立全新的表示符号。

由此，对于上述新的数字，只要在旧的数字上加以负号，称作"负……"就行了（如图 1-7-2）。

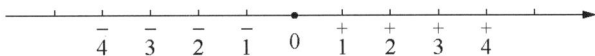

图 1-7-2

这样来表示，在计算时就可大量采用已有的知识。

数和语言相似这一点，在数学的表达上也有体现，汉语中是在原有词语前加"不"来表达相反的意思，如"对"的反义词"不对"等；英语中用增加前缀的方法来表达相反的意思，如"like"加前缀"dis"变成反义词"dislike"等，有了这种规则可使记单词省一小半力气。

就这一点来说，数学可比语言简洁得多，所有正数前加"－"，读作"负"就把跟它相反的量表达出来了。

但在这里－1，－2，…并不是减去 1、减去 2 的意思。"减"是动词，表示一种运算，而这里的"负 1"、"负 2"……则不意味着运算，仅表示一种固定的数。

19 世纪的大数学家柯西(Cauchy，Augustin Louis，1789～1857)为了区别"负"是形容词，而不是"减"这种动词，在标注时，改在数字上面加负号，如 $\bar{1}$，$\bar{2}$，$\bar{3}$…

为了与新的数字"负 1"、"负 2"……相对应，将旧的数字 1，2，3，称作"正 1"、"正 2"、……为了清楚起见，也在其头顶加上"＋"号，如 $\overset{+}{1}$，$\overset{+}{2}$，$\overset{+}{3}$…

同时，$\overset{+}{1}$ 与 1、$\overset{+}{2}$ 与 2、$\overset{+}{3}$ 与 3……彼此为相反的数。对于正数，当不必要强调它不是负时，可简写作 1，2，3…就行。

因此，可在直线上将正数和负数比较如下(如图 1－7－3)。

$$\overset{-}{4}\quad \overset{-}{3}\quad \overset{-}{2}\quad \overset{-}{1}\quad 0\quad \overset{+}{1}\quad \overset{+}{2}\quad \overset{+}{3}\quad \overset{+}{4}$$

图 1－7－3

这样 0 的右边是正数，0 的左边是负数，而其连接处的 0 既非正数也非负数。当把数在一条直线上来比较时，可按牛顿的定义这样来理解："比 0 大的数为正数，比 0 小的数为负数。"

如果不考虑方向，只考虑走了离 0 点的长度，我们叫它到起始点的距离。用数的符号对应表示，就是不考虑数前面的符号，只考虑数本身，对应叫这个数的绝对值。如－1 的绝对值是 1，＋1 的绝对值还是 1。因此 $\overset{+}{1}$ 或 $\overset{-}{1}$ 也可以认为是绝对值 1 上面再加以＋、－号而成。

如果两个数绝对值相同，符号不同，我们称它们互为相反数。比如 $\overset{+}{1}$ 和 $\overset{-}{1}$，互为相反数。

4. 有负数的加、减法

为了便于了解正、负的加法与减法运算，用我国 2 000 年前就用过的赚与赔之例说起：

赚了 3 元再加上赚了 2 元,总共赚了 5 元,写成算式就是:即 $\overset{+}{3}+\overset{+}{2}=\overset{+}{5}$;

赚了 3 元再加上赔了 2 元,剩下的就赚了 1 元,即 $\overset{+}{3}+\overset{-}{2}=\overset{+}{1}$;

赔了 3 元再加上赚了 2 元,结果是赔了 1 元,即 $\overset{-}{3}+\overset{+}{2}=\overset{-}{1}$;

赔了 3 元再加上赔了 2 元,就成了赔 5 元,即 $\overset{-}{3}+\overset{-}{2}=\overset{-}{5}$;

赚了 3 元再加上赔了 3 元,剩下的 0 元,即 $\overset{+}{3}+\overset{-}{3}=0$。

由以上实例,就足以得出正数和负数的加法规则,对于 $\overset{+}{3}+\overset{+}{2}=\overset{+}{5}$ 和 $\overset{-}{3}+\overset{-}{2}=\overset{-}{5}$ 总结出规律:"同号两数相加时,将绝对值相加,答案的符号与加数相同";对于 $\overset{+}{3}+\overset{-}{2}=\overset{+}{1}$ 和 $\overset{-}{3}+\overset{+}{2}=\overset{-}{1}$ 可以总结的规律为:"符号不同的两个数相加时,以其绝对值之差为答案的大小,而冠以与绝对值大的那个数相同的符号";对于特殊的 $\overset{+}{3}+\overset{-}{3}=0$ 可以总结为:"符号相反的两数相加时,结果为 0"。

也许会有人提出疑问:如果是减法又该怎么解决呢? 根据上面的经验,我们再试着通过举实例来总结规律。

对于小学生来说,从 2 中减去 3,是不够减的。然而懂得贷款或垫付的人都知道,2 元减去 3 元这种计算是有的,可以理解为收入 2 千元又交了 3 千元房租,现有 1 千元欠款。

如果感觉有点不好理解,我们把减法转化成上面总结过的加法来试试,比如:减去赚的 3 元就等于加上赔了 3 元,即 $\cdots-\overset{+}{3}=+\overset{-}{3}\cdots$;同理,减去赔的 3 元等于加上赚了 3 元,$\cdots-\overset{-}{3}=+\overset{+}{3}\cdots$。

只要记住"减去一个数就等于加上这个数的相反数","借债没有了,相当于财产增加了";或者说"收入没有了,相当于财产减少了"。

5. "负负得正"法则

将正、负数用于表示财产和欠款的借出和借入是适当的。确实,它适用于加减法计算,然而在乘除的情况下就出了问题? 套用乘法之后,前面的例子变为"财产和财产的积,欠款和欠款的积均为财产,财产和欠款的积则是欠款"。18 世纪的大数学家欧拉(Leonhard Euler, 1707~1783)就在《代数学入门》中采用过同样的说明方法。这本书在当时是欧洲有代表性的教科书。欠款×欠款=财产,财产×欠款=欠款,这是什么意思呢？恐怕无法理解。

《红与黑》的作者，法国文豪司汤达（Stendhal，1783～1842）在中学时代就曾学习过这本书，被这个问题困扰了很久。虽然在《红与黑》一书中主人公于连的语文学得很好，数学却是劣等，但作者司汤达在数学上也是出类拔萃的，可以说是一段时期内的数学家。他在成为文学青年以前是数学少年。

他的两位数学老师迪皮伊先生和夏贝尔先生都未能给他一个令他信服的解释，司汤达因而对数学和数学老师产生了不信任感，他说："到底是我的两位老师在骗我呢？还是数学本身就是一场骗局？对我来说，这个没有解释的难题真是够糟的了（它既然能导致正确的结果，无疑地也应该可以解释）。而更糟的是，有人用那些显然连自己都不清不楚的理由来对我讲解。"后来，夏贝尔先生被问得没办法，只好用债务来作比喻。司汤达更加困惑了："一个人该怎样把1万法郎的债与500法郎的债乘起来，才能得到500万法郎的收入呢？"这一下夏贝尔先生彻底崩溃了，他只好搬出大数学家欧拉与拉格朗日（Joseph-Louis Lagrange，1736～1813）来："这些大数学家都用得理所当然，你又何必钻牛角尖呢？"

他在自传《亨利·勃吕拉传》中这样写道："似乎是由于少年的单纯，使我认为在数学中是不可能有虚假的，作为运用数学的其他科学也都是这样。然而当了解了谁也没加证明的（负×负）＝（正）时，该怎么办才好呢？（这是代数学的基础之一）"

虽然他在写自传时已经50多岁，但头脑中对于"欠款×欠款＝财产"这个公式的疑问依然存在。

问题出在借款中的负的说明方法上。很明显，司汤达的例子足以说明，上述说明方法不适用于乘法运算。

仔细想想，恐怕对于财产×财产意味着什么，本身就有问题，因为原来的金额再乘以金额是无意义的。

为了说明乘法运算的规则，我们再举其他例子。扑克牌有"拱猪"游戏，首先红桃 A 至红桃 K 每张牌都是 $\overline{10}$ 分，黑桃 Q 是 $\overline{100}$ 分，方片 J 是 $\overset{+}{100}$ 分；除了正的牌和负的牌之外，还有抓牌和扔牌的动作。因为"抓""扔"的逆动作，故也可将"抓1张"改称为"扔 $\overline{1}$ 张"；谁最后的分数高谁赢。比如：

抓3张红桃的牌，得分为 $\overline{10}×3$，一般公式可写为：

（一张牌的分数）×（抓或扔的张数）＝得分。

抓 3 张红桃的牌，也可说成是扔 $\overline{3}$ 张红桃：$\overline{10}\times3=\overline{30}$，即得到 $\overline{30}$ 分；

扔 3 张红桃的牌，也可说成是抓 $\overline{3}$ 张红桃：$\overline{10}\times\overline{3}=\overset{+}{30}$，即得到 $\overset{+}{30}$ 分。

那个使司汤达困惑的问题是负×负的情形就相当于第二种，即扔 3 张红桃的牌，相当于抓 $\overline{3}$ 张，变成 $\overline{10}\times\overline{3}$，也就是得分为 $\overset{+}{30}$。

通过这个例子，可以推导出下列正负数的乘法规则：同号两数相乘积取"＋"；异号两数相乘积取"－"，并把绝对值相乘。

值得注意的是某数乘 $\overline{1}$ 这种特例。例如 $\overline{10}\times\overline{1}=10$，$10\times\overline{1}=\overline{10}$。

可知一个数与 $\overline{1}$ 的积就是绝对值不变，仅改变符号，即某数乘 $\overline{1}$ 后就变成与其相反的数。有了这条性质，任何负数就可以认为是这个负数的绝对值×$\overline{1}$，它的意义可以让我们把负号和减法统一起来，还可以灵活地转换，例如 $\overline{10}=-10$。我们今后就再也不用在数字的头上标记正、负号了。

举扑克牌的例子虽是给出了司汤达少年时代的疑问的一个解答，但这并不能从逻辑上证明正负数的计算规则，正负数的乘法规则不是用逻辑推理从其他规则推导出来的。它像分数乘法运算规则一样，是从无数实例中总结出来的。虽然以后数学又取得了惊人的进步，但这种乘法运算的规则依然适用。

实际上还有其他许多事实能够说明。下面举几个例子：

一例是物理学中，两个电荷间产生作用力，正电荷相互间或负电荷相互间产生斥力；而正电荷与负电荷相互间产生吸力。这个定律是由物理学家库仑（Coulomb，1736～1806）发现的，他在 1785 年把这种力 F 表达为：$F=\dfrac{e\cdot e'}{r^2}$，式中 r 为两电荷间的距离，e 与 e' 为电荷所带的电量，正电荷时为＋，负电荷时为－。F 在斥力时为＋，吸力时为－。运用这一公式，说明电核间的作用力符合正负数乘法运算的规则。

从这个意义上来说，几百年前所确定的乘法运算规则为几百年后发现电荷作用力的法则奠定了基础。如果你说物理公式我不懂，那么好吧，我们再举个生物学的例子。

一个神经元细胞发出的指令可以被另一个神经元细胞发出的指令所抑制。如果第三个神经元细胞发出的指令又抑制了第二个神经元细胞，那么第一个神经元细胞就可以再次发出指令。在这个例子中，第三个神经元细胞发出的指令虽为抑制指令，但对第一个神经元细胞来说,其效果实际上是"兴奋"或者"解除抑制",这就是双重抑制等于兴奋的一个"负负得正"的例子。

如果说这些生物学的例子有些抽象,那么再举一个更好、更直接的政治学和社会学的例子。复杂的国际关系变化在很大程度上都基于一个非常简单的道理:"我的敌人的敌人就是我的朋友",与此相关的说法还有"我的敌人的朋友就是我的敌人"、"我的朋友的敌人就是我的敌人"等。

"敌人的敌人就是朋友"这个道理其实就是乘法运算中最基本的"负负得正"法则。只要能从纷繁复杂的表象中提炼出事物的抽象本质,负数运算这种看似与现实世界关系不大的数学技巧,其实可以帮助我们解开很多现实生活中的难题,看清很多现象背后的必然趋势。

上面说到乘法运算规律,那除法运算呢?

一句话除法可以转化成乘法,除以一个数等于乘以这个数的倒数,除了零不能作除数以外,除法的符号规律跟乘法一样,所以现在有了负数,四则运算可以任意地进行了。否则,2-3的答案就超出了我们的认知范围。

我们现在拥有了正数、零、负数,它们合在一起统称有理数。

第二章　几　何

2.1　几何学的起源

一般来说，17 世纪以前的数学我们叫它初等数学和古代数学。主要是古中国、古印度和古巴比伦时期建立起来的算术、古希腊时期建立的欧几里得几何学、还有欧洲文艺复兴时期发展起来的代数方程等。相对于之后发展起来的变量数学，初等数学又叫常量数学。17～19 世纪初建立与发展起来的数学我们称之为变量数学。我们这本书里涉及到的主要是常量数学，再加一点变量数学的基础知识，这样我们就为高等数学的学习打好了基础。

几何被认为是中学较难学的内容，但是它却是继算术之后，最初发展起来的数学分支，比相对简单的代数学要早上千年。

那么人类为什么要先难后易发展几何学分支呢？简单地讲是实际需要。几何这个分支的发展过程，反映出人类认知的进步过程，因此我们有必要简明地回顾几何的发展史，看看人类是怎么样总结规律的。

古时的人类关于形的概念是在对周围事物长期观察中形成的。例如，通过对太阳、月亮的观察中，产生了圆和弓形的概念；从竹竿、绷紧的绳子中产生了直线的概念……然后人们在制造生活必需品时，模仿自然界中事物的形状，就产生了确定这些形状和大小的要求。

例如，在我国西安半坡村发现有 7 000～6 000 年前的村落遗址，房屋有圆形、方形，每间面积有 10 多平方米，可见当时应当存在某些确定方圆的简单方法。半坡遗址中发现的陶器类型很多，反映出 6 000 多年前的半坡人已具有圆、球、圆柱、圆台等几何观念。特别是彩陶上的花纹大体提供了由物体具体形象到抽象几何图案的演变过程的线索。

除"半坡文化"外,"仰韶文化"和"龙山文化"出土的陶器也证明我国 7 000~6 000 年前已有了不少几何图形。这些反映出我国远古时代对几何图形就有了初步的认识。

今天英语所说的"几何"一词 geometry 源于希腊语,它是由"土地"的词根(geo)和"丈量"(metry)一词合并而成。顾名思义,几何最初确实源于对土地的丈量。

文明古国埃及、希腊、巴比伦、中国和印度等,都是几何学的重要发源地。几何学传到古希腊已经是很晚的事情了,但却是几何学发展的高峰。

简单说几何学是研究物体形状、大小及位置关系的学说。可以分为两个发展阶段。

第一阶段是从感性认识上升到长度和角度的度量计算过程。

在四五千年以前的埃及纸草书中已有专门的几何计算问题,如圆面积的计算方法。巴比伦的泥板书中已有矩形(长方形)、直角三角形、梯形的面积计算法,并知道勾股定理、柱体体积计算问题。

我国战国时期齐人所写的工艺书《考工记》,就有"倨句"二字表示角,"倨"相当于钝角;"句"相当于锐角;把 90°的角叫做"矩";45°的角叫做"宣"等几何概念。《周髀算经》给出了勾股定理和测量方法,《算数书》与《九章算术》等给出了多种面积和体积的计算公式和方法。

农业的发达是古代文明的重要标志。文明古国的农业发展,对土地丈量、基本图形尺寸的测量和计算就形成了几何学的基本常识。

如图 2-1-1,我国古代,在春分左右播种,在夏至左右收获。24 节气反映的是地球绕太阳运行时,所在的轨道位置,即回归年周期,这就要求我们准确知道一年四季的具体时间。我们用的是月亮、地球和太阳的关系建立的阴阳历历法。从这个例子可以看出,我国古人对几何学的角度和圆有了感性的认识。

对于古埃及几何学发展的标志性的事件是建造金字塔。在距今大约 4 600 年修建的胡夫金字塔,说明他们当时就知道了类似勾股定理的规律,对圆周率也有了初步的了解,他们当时估算出的圆周率和真实的值相差不到百分之一。他们在大金字塔上留下了很多运用几何学的痕迹,向我们表明他们的几何学成就。

而另一个发明了角度度量的地区是以巴比伦人为代表的两河流域文明。

我们知道平面几何所需要度量的最主要的对象,一个是长度,另一个就是角度。古巴比伦人对几何学最大的贡献在于发明了度量角度的方法,就是我们今天 360 度的

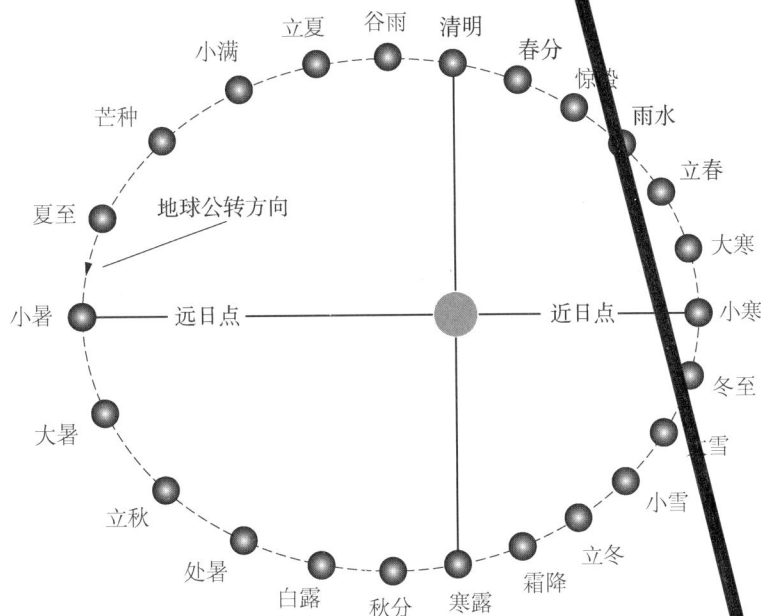

图 2-1-1

圆周和角度上的 60 进位。

古巴比伦人对几何学的研究,也源于占星或者天文学的目的。占星在早期可不是算个人的运势,而是和农业生产有关,星空不同位置和地球上一年某个特定时间有着一一对应的关系。

早在苏美尔人统治那里的时期,美索不达米亚人就发现每个月看到的星空会有十二分之一的差异,于是他们就把天空分成了 12 份,每一份用一个有代表性的星座来代表,这就是今天 12 星座的由来。

由于一个月大约有 30 天,于是他们就把一年看到的天空再分为 $12 \times 30 = 360$ 份,每一份就是我们今天说的一度角。我们今天学习几何学时可能会有一个疑问,一个圆为什么有 360 度,而不简单定义为 100 度?原因就是美索不达米亚早期的几何学。

几何学发展的第二个阶段就是通过记录和传播前人的学习成果,在希腊形成了逻辑严谨的科学体系。

存在于公元前 1894～公元前 1595 年的古巴比伦王国就留下来大约 300 块泥板,上面记载着有关各种几何图形的计算方法。包括类似于我们的勾股定理规律,他们也给出了很多组的勾股数,这在当时条件下是有相当难度的。

那么几何学又是怎么传到古希腊的呢?那就必须提到当时的一个民族——闪米特人,他们是今天犹太人和阿拉伯人的祖先,当时生活在美索不达米亚平原,非常喜欢外出经商。闪米特人的一支腓尼基人在地中海沿海和很多岛屿建立了殖民地,并且把美索不达米亚的科学传播到各地。

直到毕达哥拉斯的时代,美索不达米亚人和腓尼基人建立的殖民城市,科学和艺术水平都高于希腊各城邦。附近的人们都到那里学习数学、天文、科学和艺术,毕达哥拉斯也是留学生中的一员。随着知识的传播,数学,特别是几何学传到了希腊,并且在那里形成体系。

在毕达哥拉斯学派的手中,几何学逐渐成为单纯基于逻辑推理的数学工具。到了公元前4世纪~公元前3世纪,古希腊数学家欧几里得等人完成了对几何学公理化体系的构建,并且写成了《几何原本》一书。

希腊人的特点是对物质生活要求很低,把大部分时间用于了理性的思考和辩论,这让他们能够有更多的时间和精力从学到的知识中抽象出概念,然后形成体系。这也是值得我们学习的地方。

2.2 《几何原本》和它的影响力

1607年,徐光启(1562~1633)和意大利传教士利玛窦(Matteo Ricci,1552~1610)合译欧几里得《几何原本》前6卷,创用了"几何"一词。

作为代表希腊科学的欧几里得《几何原本》在公元前300年左右完成,是欧洲文化的重要支柱之一;作为数学教科书它被使用了2000多年,直到今天我们中学数学课本中的几何内容绝大部分也来自于它。

为什么一本几何学教科书会对欧洲文化有这样大的影响呢?就让我们看几个例子吧!

物理学家艾萨克·牛顿爵士(Isaac Newton,1643~1727)就在他的传世著作《自然哲学的数学原理》中运用了欧几里得的方法。在书中,牛顿通过几何证明的方法,推导出一套关于重力和物体运动的深刻规律,这套规律由他原创,并且能够很好地解释伽利略(Galileo di Vincenzo Bonaulti de Galilei,1564~1642)和开普勒(Johannes

Kepler，1571~1630)发现的关于抛物运动和星球轨道运行的规律。

哲学家斯宾诺莎(Baruch de Spinoza，1632~1677)在他的著作《伦理学》中也使用了这套方法。在哲学史上占有一席之地的伟大著作《伦理学》，全名为《依几何次序所证之伦理学》，该书系统运用了欧几里得的几何证明方法来探讨哲学问题。在书的一开始，作者就给出了一组公理以及各种公式，然后从中产生命题、证明、推论与解释。

美国的《独立宣言》里也有欧几里得的话。在《独立宣言》里，托马斯·杰弗逊(Thomas Jefferson，1743~1826)写道，"我们认为以下这些真理是不言自明的"，这句话正是来自欧几里得的《几何原本》。欧几里得的《几何原本》一开篇就提出了一些定义、假设和所谓"不言自明的真理"，也就是我们所说的公理。在这些定义假设和公理的基础上，欧几里得用命题和逻辑推导建立起了他的几何学大厦。在这个系统中，每个真理都是由其他真理推导而来的，它们之间的逻辑关系绝对无懈可击。在美国的《独立宣言》中，杰弗逊也使用了类似的体系，通过他的一步步推导和雄辩，使得《独立宣言》的最终结论——殖民地人民有权独立自治——就像几何定理一般不容辩驳。

抛开政治，杰弗逊本人也一直非常喜欢和崇拜欧几里得。1812年1月12日，杰弗逊给他的老朋友约翰·亚当斯(John Adams，1735~1826)写了一封信。当时杰弗逊已经结束了他的第二任总统任期，过起了远离公众与政治的生活。在这封信中，杰弗逊提到远离政坛给他带来的快乐："我已经不再看报纸了，现在我每天阅读塔西佗和修昔底德的书，阅读牛顿和欧几里得的书。我觉得自己比以前快乐了很多。"

在美国南北战争的1862年，当时的总统林肯(Abraham Lincoln，1809~1865)要说服国会通过《解放黑奴宣言》，保守派议员提出反对废奴的理由是当初宪法并没有谈到废奴这一条。经过一系列的辩论，林肯也没有说服那些议员们。

南北战争时的林肯为了说服国会通过《解放黑奴宣言》，他到国会讲演时，没有再带和法律有关的书籍文件，而是带了本欧几里得的《几何原本》。在国会里，林肯举起这本数学书讲道：整个几何学的定理和推理都离不开其中一条公理，那就是所有的直角都相等。既然所有的直角都相等，那么为什么不能人人平等？如果我们把人的不平等设定为法律的公理，那么构建出的社会也不会是平等的。就这样，林肯让反对《解放黑奴宣言》的议员们语塞了，最终宣言被通过了。

那么它对数学的发展又有什么重要意义和深远影响呢？《几何原本》不仅仅只是

那 465 个数学定理及其证明；毕竟，早在泰勒斯时代，数学家就已经能给出命题的证明。而欧几里得把前人的大量努力成果整理成一套宏伟的、不证自明的演绎过程，这才是它的伟大之处。

《几何原本》这种不证自明的推导方式是非常重要的。虽然欧几里得没有使之尽善尽美，但它的逻辑极为严密，而且，欧几里得成功地将零散的数学理论编织成一套前后连贯的架构体系，从基本的假定一步步推导，直到得出最复杂的结论，所有这些，都使之成为其后所有数学著作的范本。时至今日，在神秘的拓扑学、抽象代数或泛函分析领域，数学家们还是首先提出公理，然后一步一步地推导，直至建立起一个个奇妙的理论大厦。而这正是欧几里得谢世 2300 年后的思想重现。

我国数学家祖冲之 1500 多年前就把圆周率推算到小数点后 7 位，到了 19 世纪徐光启翻译《几何原本》之前，当时的数学家估算圆周率的精确值依然没有明显变化；《几何原本》传入我国之后，数学方面有了明显进步，比如曾国藩的次子曾纪鸿从小好学，自学成才，通过对《几何原本》和其他代数书学习之后，能将圆周率精确到小数点后至少 100 位，这就是系统学习成体系的知识所带来的好处。不但利于学习掌握，还有很强的扩展性。

为什么公理体系的数学理论那么厉害呢？简单地讲，数学难题，都是由很多简单问题综合而成，如果我们可以把难题运用各种定理，不断地拆解成一些比较简单的问题，只要把那些简单问题解决了，难题也就解决了。当掌握了基本方法，不仅由易到难的各种问题都可以得到解决，甚至还有可能推导出新的定理。

首先，让我们先认识一下这本书的基本结构。《几何原本》共分 13 卷，包括有 5 条公设、5 条公理、119 个定义和 465 个命题，构成历史上第一个数学公理体系。

各卷的内容大致可分类如下：第 1 卷，几何基础，包括 23 个定义，48 个命题另外提出了 5 条公设和 5 条公理。在以后各卷再没有加入新的公设和公理。该卷的最后两个命题是毕达哥拉斯定理及其逆定理。第 2 卷，几何代数，以几何形式研究代数公式，主要讨论毕达哥拉斯学派的几何代数学。第 3 卷，圆，包括圆、弦、割线、切线以及圆心角和圆周角的一些熟知的定理。第 4 卷，正多边形，主要讨论给定圆的某些内接和外切正多边形的尺规作图问题。第 5 卷，比例说，对欧多克斯的比例理论作了精彩的解释，被认为是最重要的数学杰作之一。第 6 卷，相似图形，主要讲解相似多边形，并将第 5 卷的比例应用到了平面图形中，有 3 条定义、33 个命题。

第7—9卷,初等数论,探讨偶数、奇数、质数、完全数等的性质。给出了求两个或多个整数的最大公因子的"欧几里得算法",讨论了比例、几何级数,还给出了许多数论的重要定理。第10卷,不可公度量,讨论无理量,即不可公度的线段,共有命题115个,是最冗长、最富争议性但最精密的一卷,也是很难读懂的一卷。第11—13卷,立体几何,探讨立体几何中的定理,并证明只存在有五种正多面体。目前中学几何课本中的内容,绝大多数都能在《几何原本》中找到。其中1—6卷为平面几何,共173个命题,构成了现在初中平面几何的基础。

23条定义包括:(1)点,点是不可以再分成部分。(2)线,只有长度而没有宽带。(3)一线的两端是点。(4)直线,是它上面的点沿着一定方向及相反方向平铺。(5)面,只有长度和宽带。(6)一个面的边缘是线。(7)平面,是直线自身的均匀分布。(8)平面角,平面角是两条线在一个平面内相交所形成的倾斜度。(9)直线角,所含角的两条边成一条直线时,其角称为直线角(平角)。(10)直角与垂线,一条直线与另一条直线相交所形成的两邻角相等,两角皆称为直角,其中一条称为另一条的垂线。(11)钝角,大于直角的角。(12)锐角,小于直角的角。(13)边界,边界是物体的边缘。(14)图形,由一个边界或几个边界围成的。(15)圆,由一条线包围着的平面图形,其内有一点与这条线上任何一个点所连成的线段都相等。(16)这个点(上面定义15中提到的)叫圆心。(17)直径,是穿过圆心、端点在圆上的任意线段,该线段将圆分成两等分。(18)半圆,是直径与被它切割的圆弧围成的图形。半圆的圆心与原圆心相同。(19)直线图形是由线段首尾顺次相接围成的。三角形是由三条线段围成的,四边形是由四条线段围成的,多边形是由四条以上的线段围成的。(20)三角形中,三条边相等的称等边三角形,两条边相等的称等腰三角形,各边都不相等的称不等边三角形。(21)三角形中,有一个角为直角的是直角三角形;有一个角为钝角的称钝角三角形;三个角都为锐角的为锐角三角形。(22)四边形中,四个边相等并四个角为直角的称为正方形;四角为直角,但边不完全相等的称为长方形(也叫矩形);四边相等,角不是直角的称为菱形;两组对边、两组对角相等的为平行四边形;一组对边平行,另一组对边不平行的称为梯形。(23)平行直线,在同一个平面内向两端无限延长不能相交的直线。

5条公理包括:(1)跟同一个量相等的量彼此也相等(即如果 $a=b$, $b=c$,那么 $a=c$);(2)等量加等量,总量仍相等(即如果 $a=b$, $c=d$,那么 $a+c=b+d$);(3)等量减等量,余量仍相等(即如果 $a=b$,$c=d$,那么 $a-c=b-d$);(4)彼此重合的东西全等;(5)整体大于部分。

看到这些公理,你可能会觉得这还用说吗?对,在数学上,所有的结论都是逻辑推导的结果,都要有根据,不能想当然,这样才能屹立千年而不倒!对于人们认为是显然的最基本的事实,就称之为公理。如果是能够从其他公理推导出来的结论叫做定理。

对于几何来讲,还需要一些和几何有关的公设支持它,即5条公设,具体包括:(1)两点可以确定一条直线;(2)直线可以向两方无限延长;(3)以任意点为圆心和任意长为半径可以作圆;(4)所有直角彼此相等;(5)过直线外的一点,有且只有一条直线和已知直线平行(这一条的原话是:"同平面内一条直线和另外两条直线相交,若在某一侧的两个内角和小于两直角的和,则这两直线经无限延长后在这一侧相交"。它不好理解,在这里把原话做了通俗的改写)。

这5条公设读起来也是显而易见,而且不能再简单明了,只是这个第5公设有人看它更像个定理,总想找个茬把它"踢出"公设队伍,结果却引导几何进入了更加广阔的新天地!这是后话,需要后面更大篇幅介绍。

上面粗略地介绍了《几何原本》的基本构成。现在,我们就用开篇的一个小例子来感受一下它的魅力!

它的第一卷是这样开始的:

(1)不能再被分为部分且无大小者谓之点。

(2)不具宽度的长谓之线。

……

《几何原本》起源于点。因为点没有大小(理想状态),也就不能再往下分了,可以说它构成了全部几何学的基石;又因为有了点,才可以构成线,线可以构成面,面可以构成体,一个纷繁复杂的几何世界就这样逐渐生长了。

一般来说,当我们从远处看某一图形时,能够马上看到那里有直线、圆、正方形,而注意到没有大小的点的人则很少。因此一般的作者总是从我们目睹的直线和圆开始讲起,但欧几里得却是从点开始讲起的。

《几何原本》思考方法的秘密就潜藏在这种奇特的做法之中。非常符合《道德经》中"合抱之木生于毫末,九层之台起于累土"的哲学思想,也预示着它后来将发展出巨大的影响力。

2.3 逻辑与灵感并存的几何证明

1. 几何证明的逻辑

欧几里得建立的几何大厦的逻辑性体现在哪里呢？首先，当定义好了一些如点、线等基本的几何学概念后，他就开始构建几何学大厦了。遇到一个具体问题，要作相应的定义，比如什么是夹角；接着，从定义和公理出发，得到相关的定理；然后，再定义更多的概念，用公理和定理推导出更多的定理；就这样，不断循环，几何学大厦就层层搭建起来了。（真的很像盖楼，我怀疑欧几里得当时还兼职泥瓦匠）在构建几何学的体系中，逻辑是从一个结论通向另一个结论唯一的通道。

接下来，我们用两个例子，来说明上述思路。

就从定理"对顶角相等"说起吧。这一个对顶角的性质定理是说，直线 AB 和直线 CD 相交于点 O，∠1 和∠2 被称为对顶角（这其实是对顶角的定义），结论：∠1 与∠2 相等，如图 2-3-1。

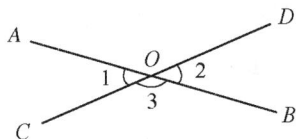

图 2-3-1

现在我们手里只有定义、公设、公理，所以为了证明这个定理，我们先要证明一个引理：所有直线角（就是定义 9 所指的平角）都相等。如果你的第一反应是这不是显然的吗？这就说明你忘了在几何学中，除了定义、公设、公理之外，没有什么是显然的，所有的表述都需要证明！

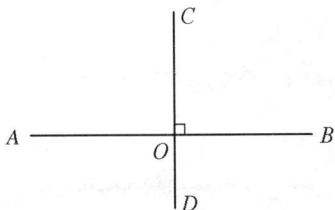

图 2-3-2

证明这个定理，我们要用到三个定义：垂直的定义、直角的定义和平角定义。根据定义 10，垂直的定义是：当一条直线 AB 和另一条直线 CD 相交后，它们的左右两夹角相等，则称直线 AB 与 CD 垂直；而直角的定义是：如果直线 AB 和 CD 垂直，那么夹角就是直角；平角的定义：如果直线 AB 与 CD 相交，那么∠AOB 和∠COD 是平角（如图 2-3-2）。

从这三个定义我们可以得到结论是：一个平角等于左右两个直角相加，这是显而易见的。

接下来我们就可以利用垂直公理（在几何原本中叫公设4）：任何直角都相等（都是90°），而任何一条线对应的角是两个直角相加，于是所有直线形成的角都相等为180°（这里其实还用到了公理2："等量加等量，总量仍相等"）。

有了上述准备，我们再来证明对顶角相等。

我们先看图2-3-1中直线 AB，这条直线对应的角是∠1和∠3两个角相加，而直线 CD 对应的角是∠2+∠3两个角相加；

这时利用前面证明的引理：由于任何直线形成的角都相等，因此，∠1+∠3=∠2+∠3。

再接下来，我们利用公理3：等量减等量，余量仍相等。因此，我们将∠1+∠3=∠2+∠3的两边减去∠3，就得出∠1和∠2相等的结论。

到此，"对顶角相等"这个命题才算证明完，因为它在几何逻辑系统里经常被用到，就把它作为一条定理了。上述证明思维过程的逻辑性，我们用一张流程图2-3-3说明更加直观。

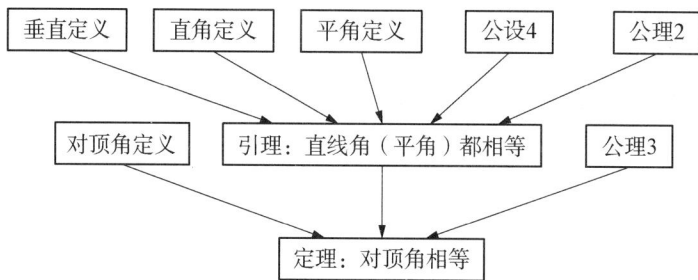

图2-3-3

这时有的人可能就会想起七年级的课本证明"对顶角相等"时是通过引入了邻补角定义证明的，大致思路也是相似的，相对上面的证明更简洁些。

你可能会说："这样真啰嗦，直接用量角器量一量∠1和∠2是否相等不就完了？"如果你真这样做那就不是数学逻辑结论了，最多算是实验科学的实证结论！

为什么呢？因为我们证明"对顶角相等"时，只用到了定义、公设、公理，没有加入任何主观的假设,也没有用到任何定义、公设、公理之外,看似是正确的客观假设。即使对于"所有直线角(平角)都相等"这样直观的结论,我们也经过了严格的证明,这样我们得到的定理才坚实。

有心的同学可能发现了上面的证明过程中,无论在证明引理时,还是在证明后来的定理时,都借助了和问题并不直接相关的媒介。在证明引理时,添加了一条垂线,它在几何学上被称为辅助线;在证明定理时,设了一个辅助角∠3。它们都是我们为了证明结论而添上的,这些辅助线或辅助角对要证明的结论有帮助,这也是在学习几何中常用的方法。

另一个例子,我们用上面的"对顶角相等"来证明一个新的定理:"两直线平行,内错角相等"。

当然证明这个定理还需要用到另一个定理:"两直线平行,同位角相等",这个证明这里就省略了。同位角和内错角定义在这里也省略了,大家看下图 2-3-4,很容易理解。

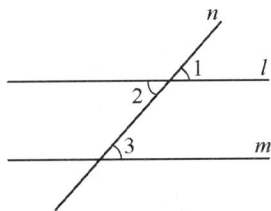

图 2-3-4

在图中,直线 l 和 m 是两条平行线,直线 n 和它们相交,∠1 和∠3 是同位角,∠2 和∠3 则被称为是内错角。我们要证明的定理说的是∠2 与∠3 相等。

从定理"对顶角相等"出发,我们得知∠1=∠2,从定理"同位角相等"我们得知∠1=∠3。于是,我们由公理 1,得到∠2=∠3 这个结论,这样我们就又证明了一个定理。

通过上面这两个简单例子,我们可以看出几何学是如何一步步由基本的定义、公理、公设搭建起来,逐渐形成了更加复杂的知识体系。这样构建的一个知识体系有什么好处呢?对于很多具体的问题,直接解决或许也行得通,但是问题和问题之间如果没有构建本质逻辑关联的结果将导致很多问题不便举一反三,后人不方便学习总结,这也许是我国很多引以为傲的数学成就时常失传的原因吧。

这种建立在公理和逻辑基础之上的学科体系,能够逐步通过定理不断扩展,建立起完整的理论大厦,并且只要没有逻辑错误,就很难被推翻,后人可以不断在前人基础上进步,不用担心会走错了路。这套体系在不断丰富中也就能够解决越来越多的具体问题,这也是我们要学习几何的重要原因之一。因此,我们在学习它的过程中,深刻体会一个公理系统的结构和构建过程,并在其他学科的学习和日常做事中也尽量运用这种方法,经常能收到事半功倍的效果。

上面的实例还启发我们如何学习几何:首先,在任何时候,除了那些客观的、被验证了的,或者不证自明的道理,我们做结论时,不要加上自己的主观假设。苏格拉底(Socrates,公元前469~公元前399)说,未经审视的人生没有价值,几何学说,未经论证的结论值得怀疑。

其次,多练是有必要的,但不能陷入题海而不能自拔,做题的目的是理解这个体系中每一个定理的来龙去脉,这样脑子里就有了几何学的导图,遇到新的问题就可以用类似的方法解决。实际上,对于几何证明至关重要的"灵感"经常来自于类似的经验积累。

2. 几何证明的灵感

对于刚开始学习几何学的学生来说,大部分人在此之前完全不知道证明题是什么。初次看到数学证明题,有人会觉得新奇,但更多的学生会觉得头晕目眩、患得患失。也许,数学证明就像药品一样,需要在上面贴上一个使用说明,比如:

本证明题可能导致头晕、盗汗以及胃部不适。长时间接触可能会产生如下副作用:食欲不振,烦躁易惊。少数患者可能会患上欣快症,并伴有药物依赖。使用前请务必咨询医生的专业指导。

虽然数学证明如此令人迷惑不解,但学习数学证明的方法却是一种非常有益的教学活动。证明题的高难度技巧本身并不重要,重要的是我们在于学习证明方法的过程中,能够很好地锻炼头脑,学会清晰而有逻辑的思维方式。我们之所以要掌握几何,并不是仅仅为了掌握三角、圆,以及平行线的性质,更重要的是为了学会证明背后的思维方法,学会如何用严密的逻辑语言进行一步步的推论和证明,直到得到我们想要的结论。

但是,当我们敬仰欧几里得的逻辑和理性的时候,也许忽略了一件非常重要的事情,那就是几何学其实也有灵感和直觉的一面。没有它们,甚至都不会产生可供证明的定理!就像作曲或者写诗一样,几何学也需要一些"无中生有"的本事。几乎每个领域都需要灵感女神的眷顾,在艺术领域中如此,在数学世界中同样如此。

为了说明这个问题,我们来看一个几何作图题的例子。请

问:已知三角形的一边,如何作一个等边三角形? 题目给出的

三角形一边(底边)是一条线段,如图 2-3-5 所示。

图 2-3-5

我们现在面临的问题:由这个线段出发,如何构建出等边三角形的另外两边呢?如何保证另外两边的边长和底边相等? 我们手边只有直尺和圆规。

请注意,在几何中的作图题是有默认前提的:直尺上没有刻度,不能用于测量长度;圆规只能用来画圆,不能用它来测量角度。

现在规则已经解释得很清楚了,你可以开始着手解答这道题目了。来吧!

世界静止了,头脑也停止运转了! 这个问题到底该如何下手?

逻辑对解答这道题,似乎用不上嘛! 这时候,有经验的人知道:来个深呼吸,放松心情,有感觉了吗? 没有。那就再深呼吸,或者干点儿别的,走个神,再来。这时灵感来了吗? ……好吧,还是我来说吧。也许我们应该用直尺从线段的两个端点开始画两条斜线看看,如图 2-3-6。

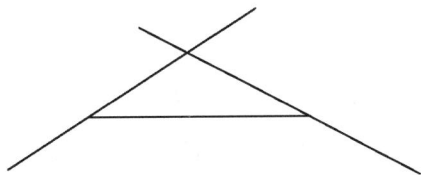

遗憾的是,作出一个三角形,完全无法保证是三边相等的等边三角形。要不试试用圆规画圆? 但是,在哪里画呢? 是以底边线段的一个端点为圆心画圆,还是以线段中的某一点为圆心画圆(如图 2-3-7)?

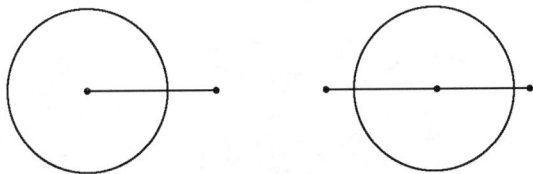

图 2-3-6

图 2-3-7

在线段中取某个点显然不合理,线段上有那么多点,任选一点似乎没什么用。还是继续以底边线段的一个端点为圆心画圆吧(如图 2-3-8)。

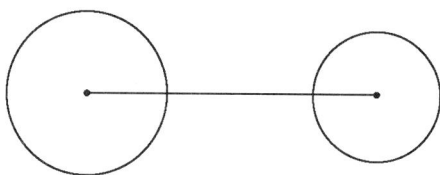

图 2-3-8

　　问题是,虽然我们选定了圆心的位置(底边的两个端点),但是画圆还是有很大的任意性。到底应该画多大的圆,也就是说圆的半径应该是多少?

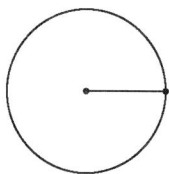

图 2-3-9

　　就这样继续摸索一段时间以后,很多人会就此放弃这道题。但是,如果我们锲而不舍地进行探索,最终可能会产生一种感觉或者灵感:啊! 最自然的画圆方法是这样的! 让我们把圆规的一个脚放在线段的一个端点上,然后把装有铅笔芯的另一个脚放到线段的另一个端点上。然后,这么轻轻一转,我们就得到一个如图 2-3-9 的圆。

　　当然,我们还可以交换一下圆规的两个脚的位置,也就是用线段的左边一个端点作为圆心,画出另一个圆,如图 2-3-10 所示。

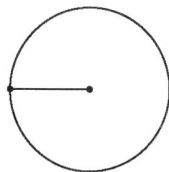

图 2-3-10

　　逐渐地,把上述的两个圆同时画在一张图上会怎么样(如图 2-3-11)?(没有什么特殊的理由,已经尝试了很多其他的方法,这也是一种自然的尝试)

　　你发现了什么? 灵感女神是不是刚刚眷顾了你? 让我们仔细地观察一下图 2-3-11 两个圆交叠区域的上半部分,看起来像不像一个变形的等边三角形(如图 2-3-12)? 而这个三角形的顶点就是两个圆相交的部分。

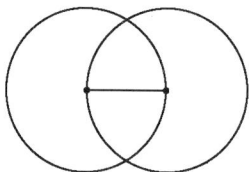

图 2-3-11

图 2-3-12

　　有了这个雏形,问题就好办了。让我们把这个变形的等边三角形变成一个真正的等边三角形:只要用直尺画两条直线,把两圆相交的点和底边线段的两个端点分别连接起来,我们就得到了一个真正的等边三角形(如图 2 - 3 - 13)。

在直觉的指引下,我们成功地走到了这一步,下面的逻辑证明基本就是重复一遍等边三角形的定义而已。为了方便,我们将三角形的三个顶点命名为 A、B 和 C,如图 2 - 3 - 14 所示。

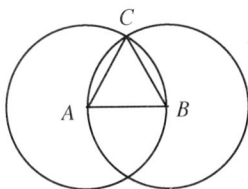

图 2 - 3 - 13   图 2 - 3 - 14

证明:由图形作法可知 $AC=AB$,$BC=AB$,所以 $AC=BC=AB$,所以 $\triangle ABC$ 是等边三角形,证毕。

这个问题的重点就在于伴随直觉和灵感的发现和探索的过程。而证明则是简单的问题了。

运用类似的方法,还可以证明一个几何学中更加有名的三角形内角和定理:三角形内角和等于 180 度。

三角形内角和定理是平面几何学中最重要的几个定理之一。古希腊哲学家泰勒斯(Thales,公元前 624~公元前 547 或 546)很可能已经知道这个定理,而且是通过拼图方法发现的这个定理。但这种发现完全是经验性的,他并未证明该定理。

毕达哥拉斯首先证明了该定理。让我们看看他的证法:假设一个任意三角形的三个内角分别为 α、β 和 γ(如图 2 - 3 - 15)。

先说本题的关键点:作一条直线,它经过三角形的一个顶点且平行于对边,如图 2 - 3 - 16 所示。

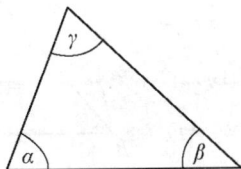 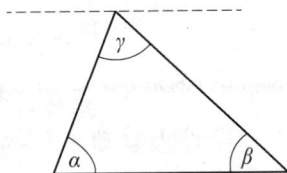

图 2 - 3 - 15   图 2 - 3 - 16

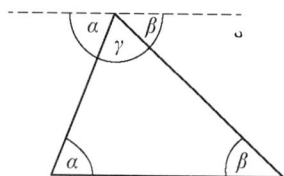

图 2 - 3 - 17

再复习一下平行线的性质：两条平行线被第三条直线所截，内错角相等。现在，让我们来把平行线的这条性质运用到上图的三角形中去，如图 2 - 3 - 17 所示。

根据内错角相等的性质，我们可以发现，左上的角 α 应该等于三角形的内角 α；同理，右上的角 β 也等于三角形的内角 β。在三角形的上顶点处，α、β、γ 这 3 个角拼成了一条直线，因为直线的角度是 180 度，因此我们证得三角形内角和确实等于 180 度。

毕达哥拉斯的这一证明是数学史上最基础、最重要的证明之一。这种用平行线做辅助线的方法，给了我们无穷的灵感，只要画出这条神奇的平行线作为辅助线，证明的方法便呼之欲出，这可是几何证明题中常用的做辅助线方法，聪明的同学现在应该把它印在脑子里！

接下来我们再来介绍欧几里得的证法：如图 2 - 3 - 18，过点 C 作 BA 的平行线 CE。

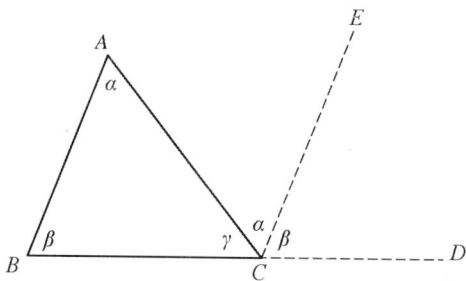

图 2 - 3 - 18

用平行线性质定理很容易得到 $\angle A = \angle ACE$，$\angle B = \angle ECD$。故得 $\angle A + \angle B + \angle ACB$ 为一平角，定理得证。

上面两个证明你看出点什么门道没有？没有？那再看第三种证法，下边是古希腊评注家普罗克拉斯（Proclus，公元前 5 世纪）的证法：如图 2 - 3 - 19，在 BC 上任取一点 D，连结 AD，分别作 BE、CF 与 AD 平行。

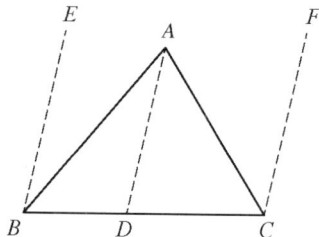

图 2 - 3 - 19

依然用平行线性质定理，$\angle EBA = \angle BAD$，$\angle FCA = \angle CAD$，所以 $\angle A + \angle B + \angle C = \angle EBA + \angle FCA + \angle ABC + \angle ACB = 180°$，一句话概括：三角形内角和转化为一对同旁内角之和了。发现规律了吧？这些证法的共同点就是：做平行线，凑平角。

围绕这一定理的证明还有许多趣事，比如 12 岁帕斯卡（Blaise Pascal，1623～1662）独立发现三角形内角和的故事，帕斯卡是法国著名的数学家、物理学家、哲学家和散文家。他的父亲是数学家，但他认为弱小的帕斯卡不适合研究数学，所以把家里的数学书都藏了起来，并且不许他的朋友们在帕斯卡面前谈论数学。他只让帕斯卡看古典文学书，希望他能好好地学习文学。父亲的这一做法反而激起了帕斯卡对数学的兴趣，他开始偷偷地研究数学，有一天，他问父亲，什么是几何，父亲简单地回答"几何就是教人画画时能做出美观的图形"，于是帕斯卡就拿粉笔在地上画出各种图形，12 岁的他通过对图形的观察发现三角形的内角和无论怎么拼凑都是 $180°$，即课本上给出的"裁角拼图法"。当他把这个发现告诉了父亲时，可想而知他的父亲有多激动，搬出了所有的数学书给帕斯卡看，在父亲的精心教导下，他在很小的时候就精通了欧几里得几何。

帕斯卡的证法的本质依然是凑平角。

另外一例趣事是为了追求定理的更多种证法，18 世纪法国数学家克莱罗（A. C. Clairaut，1713～1765）在其《几何基础》中给出了如下证法：

设三角形 ABC 的顶点 C 沿 AC 运动到点 C'、C''、C''' 等等（如图 2-3-20），在这个过程中，$\angle A$ 保持不变，而 $\angle C$ 越来越小，$\angle B$ 越来越大，猜想：$\angle C$ 减少部分与 $\angle B$ 增大部分相等，也就是说 $\angle C$ 和 $\angle B$ 之和保持不变，由此可以猜测：任何一个三角形的三个内角之和是恒定不变的。当 C 运动到无限远处，BC 与 AC 平行，三角形 ABC 三内角变成了两个同旁内角，其和为 180 度。

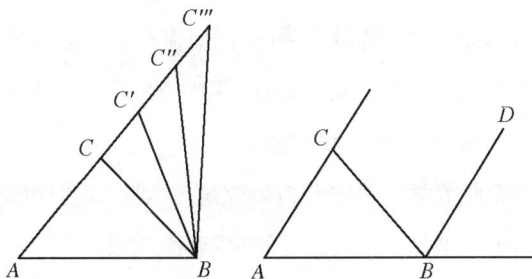

图 2-3-20

这不是与欧几里得证法殊途同归了吗？还是回归到平行线上。

回顾上面的事实，你会发现几何学不仅教会我们逻辑思考，而且当你站在它的起点，沿着它的逻辑路线，了解它的世界里不鼓励不劳而获，它经常用迷茫和困惑掩盖惊喜和奖赏，只要努力向前再多走一步，就可能有惊喜和彩蛋。经过苦思冥想、魂牵梦萦后，那峰回路转、柳暗花明的神来之笔，带给你的不仅是漂亮又简洁的证明，还能收获物质享受无法比拟的成就感，这也许是为什么像牛顿、林肯等了不起的人为它着迷的原因吧！

2.4　尺规作图三大难题

古代希腊人重视用直尺和圆规作图，只以圆和直线作为图形的核心可以追溯到希腊的柏拉图时代。这样做的结果，使得古希腊在这一时期几乎停止了图形的研究。把几何学的研究关闭在只有圆和直线的象牙塔之中，把做图限定在可以有限次使用直尺和圆规的范围内。

如果对图形继续进行深入研究，自然而然地会发现光用直尺和圆规是远远不够的。即使是古希腊时期，数学家们也已经思考出直线和圆以外的曲线，为此他们制造了新的绘图工具。柏拉图把直尺和圆规称为神圣的工具，强烈反对使用直尺和圆规以外的新工具。这位大哲学家把用除直尺和圆规之外的工具画出的任何曲线都鄙视为丑陋的东西。

认真说来，希腊学者强调几何作图只能用直尺和圆规不外乎两个理由：1. 毕达哥拉斯学派认为，直线和圆是几何学中最基本的研究图形，因此规定只使用这两种工具。2.受柏拉图哲学思想的影响，希望从极少数的基本假设出发推出尽可能多的问题，他主张通过几何学习达到训练逻辑思维的目的，因此需对工具进行限制；只用尺规作图，使得一些本来可以做出来的图形也无法完成，其中有三个非常有名的难题，即三等分任意角问题、化圆为方问题和立方倍积问题。

当时很多有名的希腊数学家都曾着力研究这三大难题，但由于尺规作图的限制，都一直未能如愿。两千年来几十代人为之绞尽脑汁，均以失败告终。直到 19 世纪 90 年代，人们证明了这三个问题不可能用"尺规作图"来解决，这才结束了历时两千年的数学难题公案。值得一提的是,如果允许借助其他工具或曲线,这"三大难题"都可以解决,也就不成为"难题"了。

1. 三大难题的由来

首先明确尺规作图的要求:直尺只能作直线,没有刻度,没有测量的功能;圆规只能画圆弧,而且作图要在有限次完成。

第一个是三等分任意角问题。

这个问题的起源是公元前 4 世纪,托勒密一世(公元前 367～公元前 282)定都亚历山大城。在给长大的小公主修城堡时遇到的这一个问题,由于按照人们的正常思维,一条线段,可以很容易地将其三等分,甚至任意等分。那么等分角应该也是类似的吧。既然两等分角很容易,跟着的三等分角自然也不在话下。结果此题成为了流传最广、耗费无数人精力的一道几何作图题。

无论在美国、欧洲还是中国,每年都有很多人往数学杂志投稿,在报纸上刊登说明,宣称自己已解决了这个千古难题,导致很多数学杂志不得不发表声明,劝告人们不要在这个不可能的问题上浪费时间和精力。

第二个是化圆为方问题,即求作一个正方形,使它的面积等于已知圆的面积。

公元前 5 世纪,古希腊唯物主义哲学家阿那克萨哥拉(Anaxagoras,公元前 500～公元前 428)因为发现太阳是个大火球,而不是阿波罗神,犯有"亵渎神灵罪"而被投入监狱。在法庭上,阿那克萨哥拉申诉道:"哪有什么太阳神阿波罗啊!那个光耀夺目的大球,只不过是一块火热的石头,大概有伯罗奔尼撒半岛那么大;再说,那个夜晚发出清光,晶莹透亮像一面大镜子的月亮,它本身并不发光,全是靠了太阳的照射,它才有了光亮。"结果他被判处死刑。

在监狱的日子,阿那克萨哥拉晚上睡不着,透过正方形的铁窗看着圆圆的月亮出神,逐渐地他变换观察的位置,一会儿看见圆比正方形大,一会儿看见正方形比圆大。什么情况正方形会和圆一样大呢?这激起了他的兴趣。开始在监狱里研究起"作一个正方形,使它的面积等于已知的圆面积"的作图问题来。起初他认为这个问题很容易解决,谁料想他把所有的时间都用上,也一无所获。

经过好朋友、政治家伯里克利(Pericles,约公元前 495～公元前 429)的多方营救,阿那克萨哥拉获释出狱。他把自己在监狱中想到的问题公布出来,许多数学家对这个问题很感兴趣,都想解决,可是一个也没有成功。这就是著名的"化圆为方"问题。

第三个问题是立方倍积问题,即求作一个立方体,使其体积是已知立方体体积的两倍。

这个问题可追溯到古代的一个传说:公元前 4 世纪,古希腊爱琴海中第罗斯(Delos)岛瘟疫流行,死亡的阴影笼罩着人们,人们对瘟疫束手无策,于是就到神庙去祈求太阳神阿波罗的保护。阿波罗的代言人神殿的女祭司毕菲亚对大家说,这次瘟疫是神在惩罚不重视几何学的第罗斯人。想要结束这场深重的灾难,第罗斯人必须把现有祭坛的体积加大一倍,而且不许改变立方体的形状。第罗斯人赶紧量好尺寸连夜赶制了一个祭坛送往神庙。他们把祭坛的长、宽、高都加大了一倍,以为这样就满足了神的要求。谁知第二天瘟疫非但没有被消灭,反而更加疯狂地蔓延开来,原来神发现这个祭坛的体积不是原来的 2 倍,而是原来的 8 倍! 长、宽、高要加大到原来的多少倍才能满足要求呢? 居民们苦思冥想解决不了这个问题,便去请教数学家、哲学家柏拉图,但柏拉图自己也未能解决这个作图问题,只能搪塞居民说:"大概上帝不满意你们很少研究几何学吧!"这个著名的"立方倍积"难题也就从此流传了开来。

这三个作图难题之所以两千多年来具有如此长久的魅力,就是因为限制了作图工具仅用直尺和圆规的缘故,因为一旦解开就更加坚定当年希腊人认为直线和圆是图形的基本单位,由它们可以生成任何图形的观念。

2. 尺规解不出三大难题的原因

几何三大作图难题用几何自己的知识是解决不了的,这就像银行发现争夺他们生意的不是竞争银行而是余额宝;出租车司机发现抢他们生意的不是其他出租车而是滴滴打车;门面店铺经营不下去不是因为其他门面店的竞争而是有了淘宝! 三大难题无法解决的本质是代数问题,在代数发展还未达到一定水平时,几何三大难题是不可能解决的。接下来我们试着分析下原因。

首先,我们先来分析下尺规可以作出的图形:①二等分已知角;推广到 $2n$ 等分已知角;②作已知角的 n 倍;③ n 等分已知线段;④作已知线段的 n 倍;⑤已知线段 a、b

可作线段 $a+b$、$a-b$、ab、$\dfrac{a}{b}$；⑥已知线段 a，作

$\sqrt{a}$：利用 $1+a$ 为直径作半圆，从线段连结点 C 引

垂线交半圆于点 D，则 $CD=\sqrt{a}$（如图 2-4-1）。

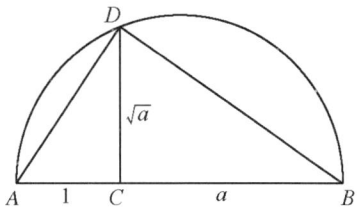

图 2-4-1

证明需要用到相似三角形，因为 $\mathrm{Rt}\triangle ACD \backsim$

$\mathrm{Rt}\triangle DCB$，所以 $\dfrac{AC}{DC}=\dfrac{DC}{BC}$，即 $CD^2=AC \cdot BC=a$，故

$CD=\sqrt{a}$，反复运用方法⑥，可将以 $\sqrt[4]{a}$，$\cdots$，a 开 2^n 次方根为长度的线段作出来。一般地，把有理数经过有限多次"加、减、乘、除、乘方、开平方"运算得出的数量，都可用尺规作出这些数量长度的线段，这些数量叫做"可作图量"。如：$\sqrt[4]{\dfrac{a}{b}}+\sqrt{c\sqrt{d}}-\sqrt[8]{e-f}$，其中 a、b、c、d、e、f 均为有理数（上文提及的 n 为正整数）。

因此，要判断一个平面几何图形是否可以用尺规作出，只要分析一下所要确定的几何作图中的量是否为"可作图量"即可。

接着，我们来看看三大几何作图难题是否是"可作图量"。

三等分任意角的问题。这里面涉及到了三角函数（高一的知识）和三次方程求根问题，上面说过，有理数开 2^n 方根是"可作图量"，开 3 次就不行了，因此，"三等分任意角"问题不可能用尺规作图作出。

化圆成方问题。设正方形的边长为 a，圆的半径为 r，则有 $a^2=\pi r^2$，则化圆成方问题就是 $a=\sqrt{\pi}r$。因为 π 和 $\sqrt{\pi}$ 都是超越数（"超越数"是不能作为有理代数方程的根的无理数，因欧拉说过的："它们是超越代数方法所及的范围的数。"而得名。1882 年，德国数学家林德曼（F. Lindemann，1852～1939）证明了 π 和 $\sqrt{\pi}$ 都是超越数），所以它不属于"可作图量"的范围。因而"化圆为方"问题也不可能用尺规作图作出。

立方倍积问题。设正方体祭坛的棱长为 a，新立方体的棱长为 b，则有 $b^3=2a^3$，则有 $b=\sqrt[3]{2}a$，而 $\sqrt[3]{2}$ 依然是把 2 开 3 次方，由于 $\sqrt[3]{2}$ 不是一个"可作图量"，因而"立方倍积"问题依然不可能用尺规作图作出。

1895 年，德国近代数学家兼教育家克莱因（C. F. Klein，1849～1925）总结了前人的研究，给出了三大几何难题不可能用尺规作图的简明证法，著有《几何三大问题》一

书,彻底解决了两千多年来的悬案。

3. 放宽作图工具的限制后"几何三大难题"可解

如果使用直尺和圆规的要求有所放松,比如直尺可以有刻度,尺规个数没有限制,那么完成三个作图难题就会简单很多了。

"三等分任意角"问题

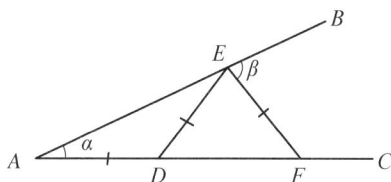

图 2-4-2

我们先来看一个能三等分角的工具。如图 2-4-2 所示,∠BAC 的大小可由支点开闭来改变,D 是横臂固定点,DE 和 EF 的长度不变。先使 AD＝DE＝EF,点 E 在直线 AB 上,点 F 在 AC 上均可以自由滑动。

这时如果规定∠BEF 和某个已知角相等,则∠BAC 应该等于 $\frac{1}{3}$∠BEF。简单证明如下:

假设 ∠BEF＝β,∠EAD＝α,所以 ∠BEF＝∠EFD＋∠EAD＝β。因为 AD＝DE,所以 ∠EDF＝2∠EAD＝2α,因为 ED＝EF,所以 ∠EFD＝∠EDF＝2α,从而 ∠BEF＝2α＋α＝3α,所以 ∠BAC＝$\frac{1}{3}$∠BEF。

这个三等分角工具的作图原理应该是阿基米德的三等分角作图方法的应用。他将作图用的直尺要求放宽,在直尺上标明两个记号点,设这两点为 F 与 E,这样阿基米德便可三等分任意角了。下面来介绍下他的方法,如图 2-4-3,设∠BOA 是任一已知角,现在要作一个角,使其等于 $\frac{1}{3}$∠BOA,以点 O 为圆心,以直尺上标明的两个记号之间的长度 FE 为半径,画圆交 OB 于点 C,然后使直尺上的点 F 在 OA 的反向延长线上

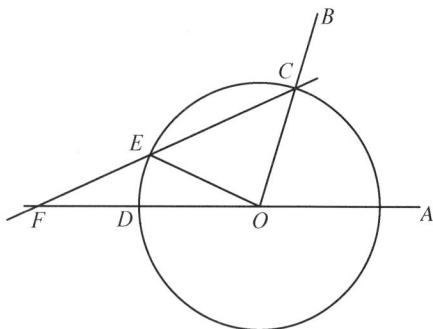

图 2-4-3

移动,使得点 E 恰在以 O 为圆心,EF 为半径的圆上,同时使得点 C 过直线 FE。这时所确定下来的位置点 F 和 E 便确定了一个角 $\angle EFA$,此角便恰为 $\angle BOA$ 的 $\frac{1}{3}$。根据阿基米德的作图法,我们可以证明 $\angle EFA$ 便是原已知角 $\angle BOA$ 的 $\frac{1}{3}$,方法如之前工具所证。

公元三百年左右,希腊亚历山大学派晚期的数学家帕普斯(Pappus,3~4 世纪)把希腊自古以来各名家的著作编为《数学汇编》,共 8 卷,其中包括了他自己的创作。在第 4 卷中,对三等分任意角问题,给出了以下的方法,如图 2-4-4。

他也需要在直尺上有两记号 E 和 F 的前提才能完成,要三等分任意角 $\angle AOB$,先在 OB 上截取一点 C 使 $OC = \frac{1}{2} EF$,过点 C 作 $CD \perp OA$,垂足为

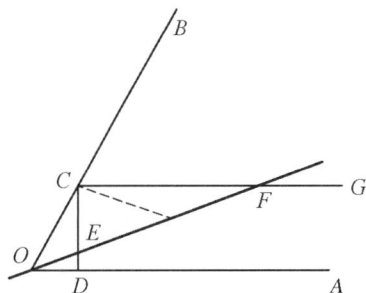

图 2-4-4

点 D,再过点 C 作 $CG \parallel OA$,现在使直尺上的点 E 在 CD 上移动,点 F 在 CG 上移动,并同时使得直尺经过点 O,则这时所得的 $\angle EOA$ 就是 $\angle AOB$ 的 $\frac{1}{3}$,此即将 $\angle AOB$ 三等分了。要证明 $\angle EOA = \frac{1}{3} \angle AOB$,只要根据直角三角形斜边中点到三顶点的距离相等以及等腰三角形两底角相等,再运用外角定理和平行线被第三条直线所截得的内错角相等,便可证明了。

其实用钟表也能三等分任意角,在这里也一并介绍一下。根据常识,分针走一圈,时针走一个数字,也就是说分针转过 360 度,时针转过 30 度,分针转过的角度是时针的 12 倍,里面包含因数 3,我们就可以利用时针来三等分任意角。

假设把要三等分的任意角 $\angle AOB$ 画在一张透明纸上,开始时把时针和分针并在一起,都正好在 12 点的位置,把透明纸铺到钟面上,使角的顶点 O 落在针的轴心上,角的一边 OA 通过 12 点的位置,接着把分针拨到和角的另一边 OB 重合的位置。这时时针转动了一个角(注意这里的钟表里的时针和分针之间一个转动另外一个也跟着相应的转动,而且分针转动的角度始终是时针的 12 倍),在透明纸上把时针的现在位置

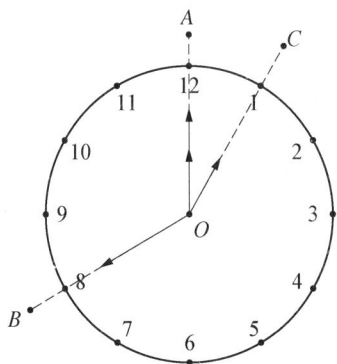

图 2-4-5

记下来。根据分针所走过的 $\angle AOB$ 一定是时针 $\angle AOC$ 的 12 倍，则 $\angle AOC = \dfrac{1}{12}\angle AOB$，再把 $\angle AOC$ 放大 4 倍，就是 $\dfrac{1}{3}\angle AOB$，此角的度数即为所求，如图 2-4-5。

"化圆为方"问题

对于化圆为方问题，如果不限制用圆规和直尺作图，解决它也有不少的作图方法。

其中一种方法是借助"中间矩形"的方法来达到化圆为方的。对于半径为 r 的已知圆，要作一个正方形，使其面积恰为已知圆的面积，只要把已知圆的周长作为矩形的长，$\dfrac{r}{2}$ 作为矩形的宽，则构造出的矩形面积为：$S_{矩} = 2\pi r \cdot \dfrac{r}{2}$。现在再用圆规和直尺根据相似三角形的性质定理，可作出此矩形的长和宽的比例中项（"尺规解不出三大难题的原因"中讲过作法），以此比例中项为边所作的正方形的面积 $S_{正} = S_{矩} = \pi r^2 = S_{圆}$，化圆为方便完成了。

对于化圆为方问题，还有一种尺规作图的近似方法，即不放宽作图工具，只是作出的图形是近似解。

如图 2-4-6，先在已知半径为 r 的圆内，任作一条直径 AB；过点 A 作 BA 的垂线 DE，以 OA 为一边，作 $\angle AOC = 30°$，OC 与 DA 交于点 C，在 CE 上取一点 F，使 $CF = 3OA$，连结 BF，再作 BF 与 OA 的比例中项，则此比例中项为边长的正方形的面积便近似地等于已知圆的面积。

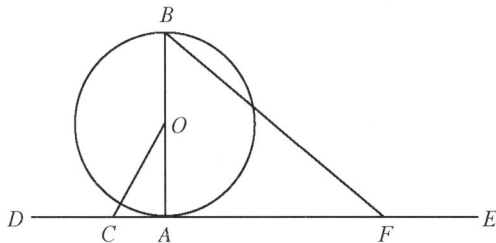

图 2-4-6

我们来看看以上由尺规作出的正方形跟准确值相比误差大概是多少？由作图，可

知：$AC = OA \cdot \tan 30° = \dfrac{\sqrt{3}}{3} r$，所以 $AF = 3r - \dfrac{\sqrt{3}}{3} r = \left(3 - \dfrac{\sqrt{3}}{3}\right) r$，于是 $BF =$

$\sqrt{(2r)^2 + \left(3 - \dfrac{\sqrt{3}}{3}\right)^2 r^2} = \dfrac{r}{3} \sqrt{120 - 18\sqrt{3}}$，从而 BF 与 OA 的比例中项线段为

$\sqrt{\dfrac{1}{3} \sqrt{120 - 18\sqrt{3}}} \cdot r \approx \sqrt{3.141\,53} \cdot r$，

所以 $S_{正} \approx 3.141\,53 \cdot r^2$，此与已知圆的面积 $S_{圆} = \pi r^2$ 还是非常接近的。

这个方法是由文艺复兴时期的艺术天才达·芬奇（Leonardo de Vinci，1452～1519）发明的。只是他的方法是把已知圆作为一个圆柱体的底，若底面圆半径为 r，作高为 $\dfrac{r}{2}$，然后，把这圆柱在平面上滚一周，则滚出了一个矩形，它的长为 $2\pi r$，宽为 $\dfrac{r}{2}$，也就是我们前面提到的"中间矩形"，后面方法也就和前面的相同了。

"立方倍积"问题

对于立方倍积问题，人们照样在取消一定要用圆规和直尺作图的限制后，也发明了许多奇怪的方法，有人用两条抛物线的交点来解决它，此方法的问题是准确地画出所要求抛物线是个难题。当然还有其他方法，在这里只介绍几种比较好理解，易操作的方法。

这个问题的本质就是作出一条已知线段的 $\sqrt[3]{2}$ 倍。

思想开放的笛卡儿（Dené Descartes，1596～1650）从"只有直线和圆是神圣的"偏见中完全解放出来，创造了如图 2 - 4 - 7 所示的仪器工具解决了这个问题。

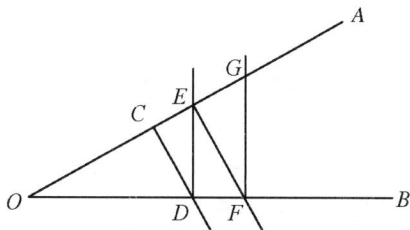

图 2 - 4 - 7

在图 2 - 4 - 7 中，直尺 OA 和 OB 以点 O 为支点，支点能够自由开闭，直尺 CD 和

OA 固定成直角,直尺 DE 和 OB 固定成直角且可沿 OB 边自由滑动;同样直尺 FE 和 OA 固定成直角且 FE 能够沿着 OA 边自由滑动。此刻张开 $\angle AOB$ 使 $OF = 2OC$ 时停止,根据相似形原理下列公式成立:因为 $\dfrac{OD}{OC} = \dfrac{OE}{OD} = \dfrac{OF}{OE}$,所以 $\left(\dfrac{OD}{OC}\right)^3 = \dfrac{OD}{OC} \cdot \dfrac{OE}{OD} \cdot \dfrac{OF}{OE} = \dfrac{OF}{OC} = 2$,因此 $\dfrac{OD}{OC} = \sqrt[3]{2}$。这样 $OD = \sqrt[3]{2} \cdot OC$,即做出已知线段的 $\sqrt[3]{2}$ 倍了。

另一种叫勃洛特方法,如图 2-4-8 所示,用两块三角板的移动来解决立方倍积问题。先作两条垂直的直线 EF 与 GH,交点为点 O,在 OG 上取一点 A,使 OA 恰为原已知正方体的棱长 a,在 OE 上取一点 B,使 $OB = 2a$。现在,把一块三角板的直角顶点,放在 OF 上并移动,使得一条直角边总经过点 A,另一直角边与 OH 相交,再拿另一块三角板,将其直角顶点放在 OH 上并移动,使得一条直角边保持经过点 B,另一条直角边与 OF 相交。这样在两块三角板移动的过程中,当两块三角板有一条直角边重合时,则这时有比例式:$\dfrac{OC}{OA} = \dfrac{OD}{OC} = \dfrac{OB}{OD}$,即可得 $\left(\dfrac{OC}{OA}\right)^3 = \dfrac{OC}{OA} \cdot \dfrac{OD}{OC} \cdot \dfrac{OB}{OD} = \dfrac{OB}{OA} = 2$,所以 $OC^3 = 2a^3$,所以 $OC = \sqrt[3]{2}a$,以 OC 为棱长作一个正方体便可解决"立方倍积"了。

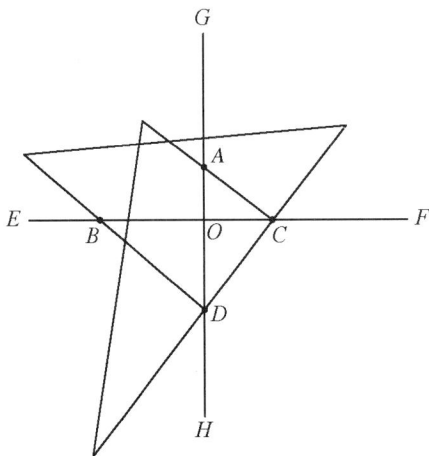

图 2-4-8

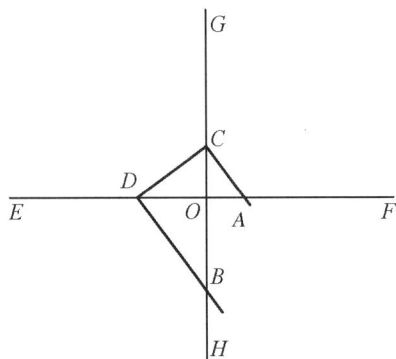

图 2-4-9

还有一种方法,如图 2-4-9 所示,作互相垂直且交于点 O 的两条直线 EF 和 GH,分别在其上取 $OA = a$,$OB = 2a$。取两个互相垂直的 L 形曲尺,使一个曲尺的顶点 C 在 GH 上,一边过点 A;另一曲尺的一边过点 B,顶点 D 在 EF 上,且两曲尺的一边互相重合。这样 OC 即所求正方体的棱长。

这个方法的证明跟上面类似,同样能得到 $OC = \sqrt[3]{2}\,a$,则 OC 为棱长的正方体的体积是以 a 为棱长正方体体积的 2 倍。

"三大几何难题"除了放宽条件后可以相对容易解决,它同时吸引了两千多年来许多数学家的注意,在对它们的深入研究过程中也促进了希腊几何学的发展,而且引出了大量新的数学方法和数学成果。

比如在解决"立方倍积"问题时,希腊安提丰(公元前 426～公元前 373)为解决此问题而提出的"穷竭法"是近代极限论的先声。大意是指作圆内接正方形(或正六边形),然后每次将边数加倍,得内接正 8、16、32…n 边形,他相信"最后"的正多边形必与圆周重合,这样就可"化圆成方"了。虽然结论是错误的,但却提出了求圆面积的近似方法,成为阿基米德(Archimedes,公元前 287～公元前 212)计算圆周率的先导,与中国刘徽的"割圆术"不谋而合,而穷竭法正是微积分的先导。

为了解决"化圆为方"问题,德国的林德曼经过 9 年的苦心钻研,最后终于成功证明了"化圆为方"是个不可能问题。为此,他所在的伯明翰大学在幽静的校园内还树立了他的雕像。

2.5 勾股定理趣谈

之前介绍过《几何原本》的意义,它是论证几何的集大成者,但是勾股定理(即毕达哥拉斯定理)得以证明才标志着论证几何的开端。是它引导人们发现了无理数,产生了第一次数学危机,从而大大加深了人们对数的理解;是它第一个把几何与代数联系起来;还是它第一个给出了完全解答的不定方程,并引出了费马大定理。

作为数学中最重要定理之一,它与黄金分割一起,被誉为几何学的两大宝藏。

什么是"勾、股"?在中国古代,人们把弯曲成直角的手臂的上半部分称为"勾",下半部分称为"股"。用到了几何中就把直角三角形较短的直角边称为"勾",较长的直角边称为"股",斜边称为"弦"。

要说这一定理的历史可以说是源远流长。相传早在公元前 3 500 多年前,即距今 5 500 多年前的古埃及人在建造大金字塔时就已经按照勾股数在设计墓室的尺寸了。

不过更多的是推测，确凿的史料并不充分。但古巴比伦人在 3 600 年前就运用这一定理是有确凿证据的。

1945 年，人们在对古巴比伦留下的一块泥板文书的研究中发现，那里竟清楚地记载着 15 组具有整数边长的直角三角形的边长。该泥板现收藏于美国哥伦比亚大学。据考证，泥板文书的年代在公元前 1900 至 1600 年之间，这表明，古巴比伦人认识勾股定理有将近四千年的历史了。

在我国，成书于公元前 1 世纪左右的《周髀算经》，是一部较早记载勾股定理的著作。上面记载了在公元前 1100 年左右（即距今 3 100 年），周武王的弟弟周公姬旦（？～前 1105 年）求教当时的学者商高（生卒不可考）如何测量天有多高、地有多大时，商高提供了被称为"勾股术"的测量方法："数之法出于圆方，圆出于方，方出于矩，矩出于九九八十一（泛指数学计算）。故折矩，以为勾广三，股修四，径隅五……"这里最后一句意思是说，在方尺上截取勾宽为三、股长为四，则这端到那端的径长（弦长）为五。从这里可以看到，我国人民那时就已掌握了直角三角形勾三、股四、弦五的基本规律，因此我国人民又称勾股定理为"商高定理"。

这个定理在国外都被称为毕达哥拉斯定理。毕达哥拉斯（Pythagoras，约公元前 580 年～约公元前 500 年）是古希腊著名的数学家和知识的集大成者。

无论是古埃及、古巴比伦提到或记载这些时，举出的还是具体的例子，相当于数学的一些特例，没有推广到一般规律。而数学中能成为定理，是在确定的条件下不能有一个例外，我们经常在做数学辨析题时就是用的这个举反例的办法，数学中，怎么判断一句话对不对？只要能举一个反例，就能推翻它，甚至推翻在这句话之上的整个逻辑系统。很多时候特例中反映出的规律和定理可能是不同的。这就是数学历史上为什么会有三次数学危机的故事了。

我国《周髀算经》中记载关于商高发现"勾股术"例子就有了明显的进步，出现了一般性的总结语句，现在我们叫它命题。一个命题在没有证明之前，只能算是猜想，比如著名的哥德巴赫猜想。所以叫"商高猜想"更恰当一些。而总结出一个猜想和证明定理之间还有很大的距离，不过这比举些例子进步要大很多了。

勾股定理究竟是毕达哥拉斯自己发现的，还是他门下弟子研究发现的，还有待商榷。传说有一天他到友人家拜访时，由于友人有事不在，等待的时候他观察庭院石板的花纹,机缘巧合地看到石板花纹图案的特点,如图 2-5-1 所示。

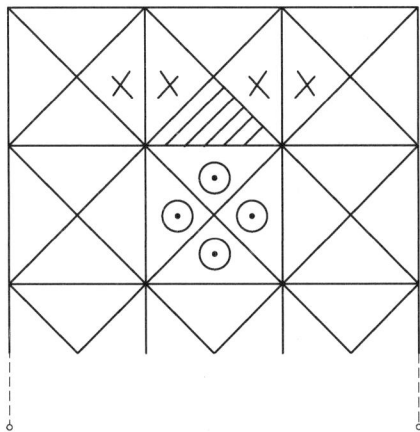

图 2-5-1

发现阴影等腰直角三角形斜边下的正方形面积(由图中标注四个圆圈的等腰直角三角形组成),等于直角边两旁两个正方形面积(由标注四个×的等腰直角三角形)之和,据说自从毕达哥拉斯注意到这一点后,他就开始针对直角三角形进行研究了。

另有一种说法,毕达哥拉斯从埃及人那里学到 $3^2+4^2=5^2$,而且在由 3、4、5 这三边构成的三角形中,其中一角会是直角。许多学者认为毕达哥拉斯就是从这个理论中得到灵感,进而推演出"两直角边的平方和等于斜边的平方"这一毕式定理的。当毕达哥拉斯发现这个定理时,高兴得手舞足蹈,据传他为了感谢缪斯女神(希腊神话中科学、艺术女神的总称),献上了百头牛以供奉祭祀,可想对这一定理的重视。只是毕达哥拉斯证明这一定理的方法众说纷纭。

猜想如何证实呢? 在这一点上数学和自然科学有很大的不同。它们有三点本质区别:

1. 测量和逻辑推理的区别

当人们出于农业生产的考虑,对天文和土地进行度量的时候就诞生了几何学。但是,度量出来的几何其实和真正的数学还有很大的差距。

比如说,古人确实观察到勾股数的现象,他们画一个直角三角形,勾三尺长、股四尺长时,弦长恰好就是五尺长,于是就有了勾三股四弦五的说法。但是这里面存在一个问题,当说长度是三尺,其实是用尺子量出来的 3,并非数学上准确的长度,可能是3.01,也可能是 2.99。这样一来勾三股四弦五就是一个比较模糊的说法了。

比如,图 2-5-2 中有一个 8×8 的方格,它的面积是 64,没问题吧? 按照图中所示的粗线将它剪成四部分,两黑两灰,再重新组合,就得到了图 2-5-3 中一个 13×5 的长方形,它的面积是 65。请问面积是 64 的正方形怎么重新组合一下面积就变成 65 了呢? 那个相差的 1 去哪了呢?

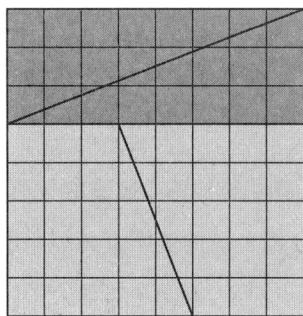

8×8＝64
图 2-5-2

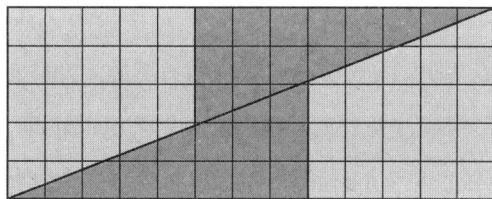

5×13＝65
图 2-5-3

当然我们知道 64 不等于 65,这里面一定有问题。那么问题在哪儿呢? 其实,问题就出在拼接过程中,它们并不是严丝合缝的,只不过缝隙较小,不注意的话,看不出来罢了。

在数学上,观察的经验可以给我们启发,但是它不能成为我们得到数学结论的依据,数学上的结论只能从定义和公理出发,使用逻辑严格证明得到,不能通过经验总结出来。

再举个勾股数感受一下,通过工匠的观察总结还能得出:"如果勾 3.5,股 4.5,那么弦是 5.7"的结论(通过计算弦长大约是 5.700 877,不到 0.001 的误差),古代的测量几乎不可能发现。我们可以说勾 3.5 股 4.5 弦 5.7,在物理上来说基本正确(因为是观察实验得来,误差总是会有的),但是在数学上就错了。测量会有误差,但逻辑推理不会有误差,只有对或错。

我们抛开误差的影响，对于早期的文明也只能说他们观察到了这一现象，而非发现了定理。这涉及到数学和自然科学的第二个区别：

2. 用事实证实和用逻辑证明的区别

在自然科学中，一个假说通过实验证实，就变成了定律。比如说牛顿的经典力学适用场景就是物体在宏观、低速的状态下，包括三大定律都是适用的，如果当时有个杠精说，你敢保证没有例外么？牛顿当时估计也只能说，我不敢保证没有例外，但是这个规律你平时使用肯定没有问题。

果然，后来人们真的发现在高速、微观领域并不都适用。事实上，今天几乎所有的自然科学的定律和理论，不仅存在一个被推翻的可能性，而且有很多的例外。

但是，在数学上，用实验来验证一个猜想是不被允许的，数学的结论只能从逻辑出发，通过归纳或者演绎得出来。它必须完全正确，没有例外，因为但凡有一个例外（也被称为反例），就要被完全否定。历史上，数学问题被这样否定掉的例子比比皆是。

比如，哥德巴赫猜想到现在也只能叫猜想。就算今天人们利用计算机，在可以验证的范围内都验证了这个猜想是对的，但是因为没有穷尽所有的可能，就不能说猜想被证明了。因此，我们依然在努力地从逻辑上证明它的正确性，也依然不能以它为基础，构建其他的数学定理。所以，数学理论必须要证明，保证没有例外。

3. 科学结论相对性和数学结论绝对性的区别

为什么数学要如此严格，定理为什么不能有任何例外呢？因为数学上的每一个定理都是一块基石，后人需要在此基础上继续新的探索，以便继续建立新的基石，数学大厦就这样一点点建立起来。在这个过程中一旦有丝毫的缺陷，整个数学大厦就会轰然倒塌。

勾股定理就可以作为计算平面上两点间距离的方法，在此基础之上，三角学就有了基石，笛卡儿的解析几何才得以确立，再往上才建立起微积分等数学工具。

人类今天发明的各种科技，像导航系统、航空航天等等，最底层的原理都是建立在它之上的。设想一下，如果真出现了一个违反毕达哥拉斯定理的反例，那就好玩了，因为建立在它之上的其他定理就都会跟着出问题，导致我们信赖的科技将会像"巫术"一样，时灵时不灵，那时的科学家们就都跟跳大神的一样，在应用各种定理时嘴上都念念有词："天灵灵，地灵灵，这次定理一定灵！"因此，数学上的每一个定理，只能通过逻辑推理证明，用多少实例来验证都不能代替逻辑证明。

理解了数学定理确立的过程，以及它随后产生的巨大影响，我们就清楚定理和定理证明在数学中的重要性了。正是因为在西方是毕达哥拉斯学派明确提出这个定理，并且首先严格地证明了它，人们才称它为毕达哥拉斯定理。

就像刚才说的，一个新的定理被证明后，就会产生很多自然的推论，每一个推论可能都是一个重大的发现。毕达哥拉斯定理的一个推论，就是无理数的存在，他也直接导致了历史上的第一次数学危机。

4. 勾股定理证明赏析

勾股定理发现至今虽已 2 500 多年，但世界各地的人们对其着迷的程度依然不减，各种证法接连涌现。这一定理证明方法之多是任何其他定理无法比拟的。据说，现在世界上已找到 500 多种证明方法，由此可见人们对勾股定理的青睐，其魅力长久不衰。

按照时间顺序在这里给大家介绍其中几种最具代表性的证明方法。

1）传说中的毕达哥拉斯证法

如图 2-5-4、图 2-5-5 是两个边长为 $a+b$ 的全等正方形，双方都去掉直角边分别为 a、b 的四个全等带阴影的直角三角形后两正方形剩下部分的面积应相等。

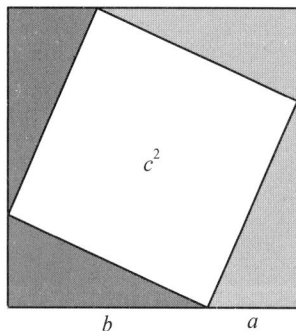
图 2-5-4

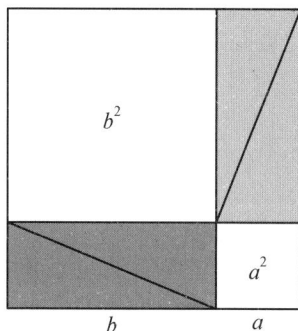
图 2-5-5

由图可知有 $a^2 + b^2 = c^2$。

如果你有兴趣，也可以把勾股定理当成一个幼儿玩的拼图游戏，通过摆弄如上图形状的拼图，轻松地验证勾股定理是否成立，让我们来一步步试试看吧。

让我们发挥想象力：图 2-5-6 看起来就像 3 个手拉手跳舞的正方形。

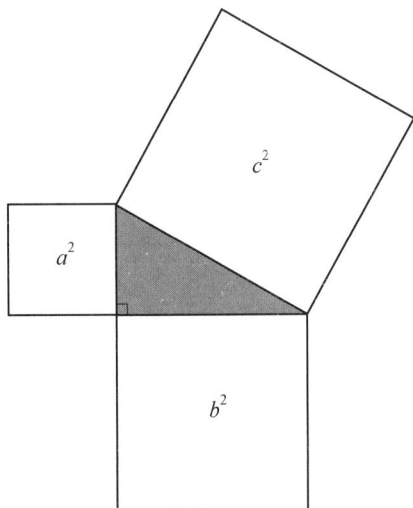

图 2-5-6

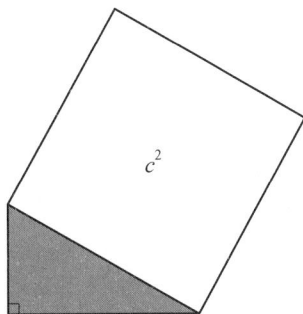

图 2-5-7

首先，我们先看斜边上的正方形，把这个部分专门拿出来，如图 2-5-7，看到这种形态你会感到不稳定，看起来似乎随时要滑下来；如果想让它稳定不如就先把正方形的四边都补拼上图 2-5-7 那样的深色直角三角形，从而得到一幅更稳定、更对称的图形 2-5-8。

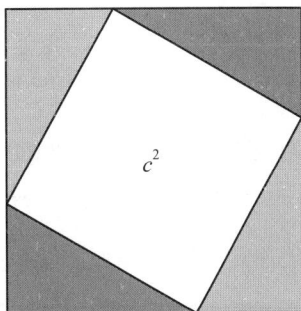

图 2-5-8

我们的初衷是想要证明这个歪歪斜斜地靠在斜边上的正方形的面积等于小正方形和中正方形的面积之和。问题是：小正方形和中正方形到底在哪儿呢？我们试着通过移动三角形的方法来找出小正方形和中正方形！

图 2-5-8 中间那个歪斜的正方形是拼图框架中间的空白部分，而框架内非空白的部分则被 4 个三角形拼图占据。

现在让我们来试着移动这 4 块拼图,用不同的方法拼出不同的形状,就像玩七巧板一样。显然,不管我们怎么拼,因为框架内的总面积不变,4 块拼图的总面积也不变,所以框架内空白区域的面积总是保持不变的。

开动脑筋以后,第一步通过平移,使右上角的直角三角形与左下角的直角三角形斜边重合,如图 2-5-9,第二步再把右下角的三角形平移到右上角,如图 2-5-10,第三步把左上角的三角形平移到右上角,使它与第二步右上角的三角形斜边重合,这样就得到了如图 2-5-11 的图形。(大家可以开动脑筋想一想还有哪些其他的移动方法?)

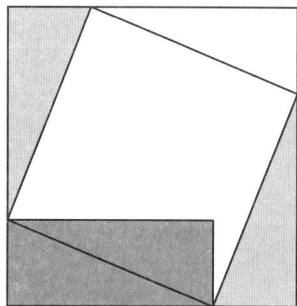
图 2-5-9

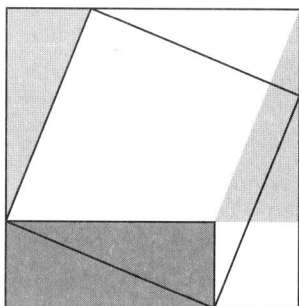
图 2-5-10

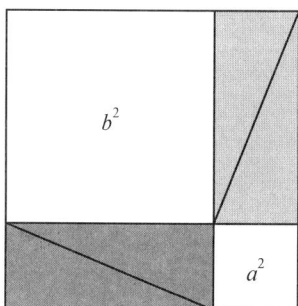
图 2-5-11

而图 2-5-11 不正是我要证明的结论吗? 空白的区域变成了一个小正方形和一个中等大小的正方形。如前所述,空白区域的面积永远等于大正方形的面积,所以,我们证明了勾股定理是成立的!

这种证明方法也是我们课本上介绍的方法,它不仅让人们相信这个定理的存在,还非常直观形象地将其演示给人们看。这正是这种证明方法的"妙"处。

2) 欧几里得证法

如图 2-5-12,在 Rt△ABC 的各边上向外作正方形,连结 CD、FB。

因为 $AC=AF$, $AB=AD$, $\angle FAB=\angle CAD$,所以 $\triangle FAB \cong \triangle CAD$。

作 $CL \parallel AD$, CL 与 AB 交于点 M,

因为 $S_{\triangle FAB}=\dfrac{1}{2}FA \cdot AC=\dfrac{1}{2}S_{ACHF}$,

所以 $S_{\triangle CAD} = \dfrac{1}{2}AD \cdot DL = \dfrac{1}{2}S_{ADFL}$。

同理可证：$S_{BKGC} = S_{MLEB}$，

所以 $AB^2 = BC^2 + AC^2$，即 $a^2 + b^2 = c^2$。

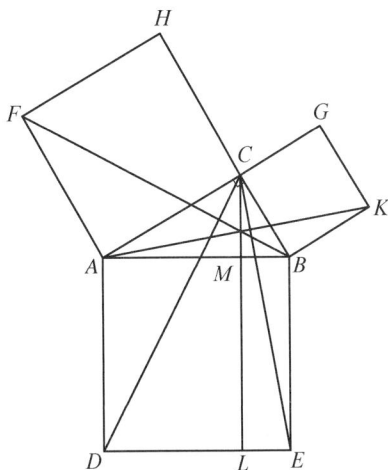

图 2 - 5 - 12

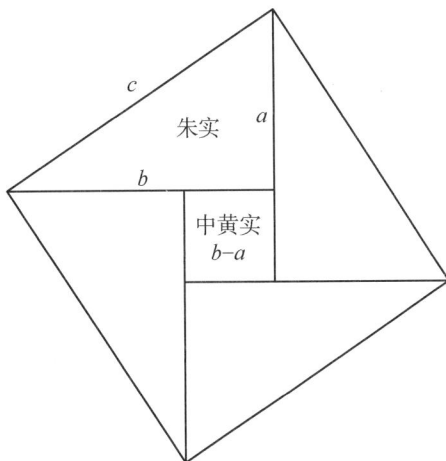

图 2 - 5 - 13

3）赵爽的证法

三国时赵爽在《勾股方圆图注》中，采用了证明几何问题的割补原理。如图 2 - 5 - 13 中，以 a、b、c 表示勾、股、弦，以 a、b 为直角边的每个直角三角形叫做"朱实"，即图中有 4 个"朱实"，中间的一个以 $b-a$ 为边长的小正方形叫做"中黄实"，以弦为边长的大正方形叫"弦实"，此图称为"弦图"，由图可知有

$$c^2 = (b-a)^2 + 4 \times \dfrac{1}{2}ab = a^2 + b^2。$$

2002 年 8 月在北京召开的国际数学家大会的会徽就是赵爽所作的"弦图"。

4）刘徽的证法（出入相补法）

刘徽，魏晋时期伟大的数学家，中国古典数学理论的奠基人之一，著有杰作《九章算术注》和《海岛算经》。他的证法如图 2 - 5 - 14 所示，直角三角形 ABC，以勾（线段 BC）为边的正方形称为"朱方"，以股（线段 AC）为边的正方形称为"青方"。按图中的标示进行"出入相补法"（青出、朱出的都是"－"，青入、朱入的都是"＋"）后拼成了弦方

（以线段 AB 为边的正方形），根据面积关系，有关系式弦方＝朱方＋青方，即弦^2＝勾^2＋股^2。

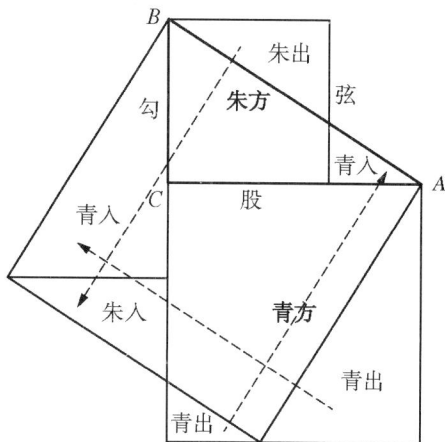

图 2 - 5 - 14

如果根据图中的标注图上青色和朱色，几乎不需标注文字，就能使证明一目了然。因此这个图又叫"青朱出入图"。

5）伽菲尔德证法（总统证法）

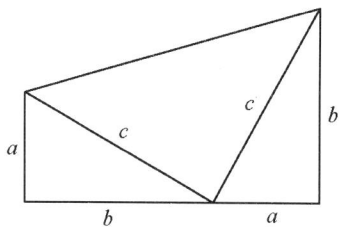

图 2 - 5 - 15

美国前总统伽菲尔德（James Abram Garfield，1831～1881）也是个数学爱好者。1876 年当他还是一名众议员时，就发现了勾股定理的一种巧妙证法，并发表在《新英格兰教育杂志》上。如图 2 - 5 - 15，他用了两种方法来计算同一梯形的面积。

梯形的面积＝$\dfrac{1}{2}$（上底＋下底）×高＝$\dfrac{1}{2}(a+b)(a+b)$。

又梯形面积＝三个直角三角形面积之和＝$\dfrac{1}{2}ab+\dfrac{1}{2}ab+\dfrac{1}{2}c^2$，

于是有 $\dfrac{1}{2}(a+b)(a+b)=\dfrac{1}{2}ab+\dfrac{1}{2}ab+\dfrac{1}{2}c^2$，

即 $\dfrac{1}{2}a^2+ab+\dfrac{1}{2}b^2=\dfrac{1}{2}ab+\dfrac{1}{2}ab+\dfrac{1}{2}c^2$，

所以有 $a^2+b^2=c^2$。

对于开始提到的毕达哥拉斯证法,可作如下的解释:

如图 2 - 5 - 16,是一个边长为 $a+b$ 的正方形,它的内接正方形的边长为 c,于是有 $(a+b)^2 = c^2 + 4 \times \dfrac{ab}{2}$,

即 $a^2 + 2ab + b^2 = c^2 + 2ab$,

故得 $a^2 + b^2 = c^2$。

这个证法明显简洁了许多!如果用虚线将毕达

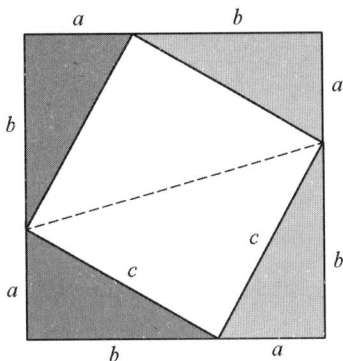

图 2 - 5 - 16

哥拉斯证法的图 2 - 5 - 16 中的正方形一分为二,下面的一半就可用伽菲尔德证法。

6)婆什迦罗证法

现在,假想我们突然接受了神灵的启示,或者突然才思泉涌、醍醐灌顶……总之,基于某些神秘的原因,我们决定画一条辅助线。这条辅助线就是过直角顶点作斜边上的高。

已知三边长分别为 a、b、c 的直角三角形,作斜边 c 上的高为 h,得到两对相似三角形(图 2 - 5 - 17),即 $\triangle ABC \backsim \triangle ACD$ 与 $\triangle ABC \backsim \triangle CBD$,从而可列出

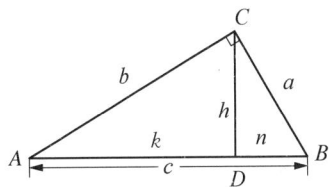

图 2 - 5 - 17

两组比例式:$\begin{cases} \dfrac{c}{b} = \dfrac{b}{k}, \\ \dfrac{c}{a} = \dfrac{a}{n}, \end{cases}$ 即 $\begin{cases} kc = b^2, \\ nc = a^2, \end{cases}$ 从而有 $(k+n)c = a^2 + b^2$,所以 $c^2 = a^2 + b^2$。

这种方法是一位叫婆什迦罗(Bhaskara,1114~约 1185)的印度数学家、天文学家发现的。婆什迦罗代表了十二世纪数学知识的巅峰。

介绍完几个经典证法后,我们来说说为什么勾股定理本身,它暗含了一个重要的信息:空间是平面的而不是弯曲的。如果是在一个曲面上(例如地球仪表面或者面包圈表面),勾股定理就需要被修正才能继续成立。在爱因斯坦的广义相对论中,他成功地完成了这一挑战。在广义相对论中,重力不再被看作一种力,而是被看作一种空间弯曲程度的表现。事实上,爱因斯坦并不是第一个使空间弯曲的人,在他之前,黎曼

(Georg Friedrich Bernhand Riemann，1826～1866)和其他数学家已经走出了创造性的一步，奠定了非欧几何的基石。

2.6 什么是黄金分割

毕达哥拉斯对数学的贡献，除了勾股定理，还有黄金分割。而他用数学指导艺术和音乐，也确立了数学在其他知识体系的中心地位。通过了解黄金分割，我们能更好地理解生活中的数学无处不在，了解运用数学知识不但能解决生活中的问题，还让我们拥有发现美和创造美的能力。

很早以前学者就研究发现了"黄金长方形"，即长方形的长与宽之比为 1.618 最佳（顺眼），这个比叫做"黄金分割比"。其倒数的近似值为 0.618，这个数称为"黄金分割数"。1.618 这个比值于 1854 年由德国美学家蔡辛（A. Zeising）正式定为"黄金分割律"即"黄金比"，而 0.618 被文艺复兴时期著名艺术家达·芬奇誉为"黄金数"。

我们先来看一张照片（如图 2-6-1），感受一下黄金分割。

这是雅典卫城的帕特农神庙，它无论是在艺术史上，还是建筑史上地位都很高，如果你度量一下它正面的宽与高，正好符合我们所说的黄金分割。其实不仅帕特农神庙本身，神庙里面很多雕塑的关键比例也符合黄金分割，著名的雕塑《断臂的维纳斯》，它的身高和腿长的比例，腿和上身的比例也都符合黄金分割。符合这个黄金比例的雕塑或建筑就看上去很顺眼，很美观。那么黄金分割是如何确定的，这个比例为什么看起来顺眼呢？简单地讲，它的美感来自几何图形的相似性。

比如一个符合黄金分割的长方形，它的长度是 a，宽度是 b。如果我们剪掉边长为 b 的正方形 ABCD（如图 2-6-2），剩下来的长方形，长宽之比依然会符合黄金分割。

图 2-6-1

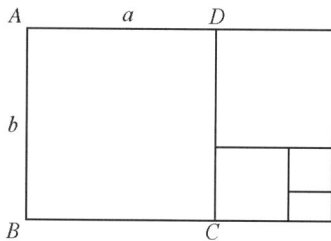

图 2-6-2

当然,我们还可以继续剪掉一个正方形,剩下的长方形的长宽依然符合黄金分割的比例。也就是说,如果我们这样不断地切下去,剩余部分都是成同一比例的。

根据黄金分割上述的相似性质,我们可以很容易算出来 $\frac{b}{a}$ 的比例是 0.618 左右,更精确地讲,是 $\frac{\sqrt{5}-1}{2}$。

黄金分割为什么漂亮?除了在几何性质上的层层相似以外,它也反映了自然界的物理学特征。如果我们把刚才图中的长方形不断做切割,然后将每个被切掉的正方形的边用圆弧替代,就得到了这样一个螺旋线(如图2-6-3)。由于这个螺旋线每转动同样的角度,得到的圆弧是等比例的,因此它也被称为等角螺线。如果你对比这个螺旋线和图2-6-4蜗牛壳,是否觉得很相似?

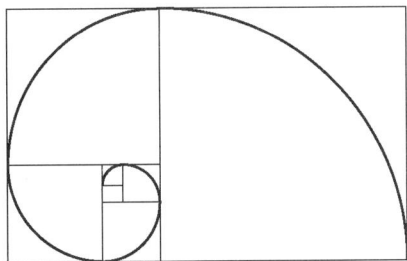
图 2-6-3

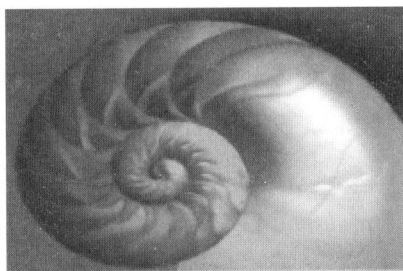
图 2-6-4

不仅蜗牛壳如此,龙卷风(如图2-6-5)的形状乃至像银河系这样星系的形状(如图2-6-6)都是如此。需要指出的是,这不是巧合,而是因为任何东西如果从中心出

图 2-6-5

图 2-6-6

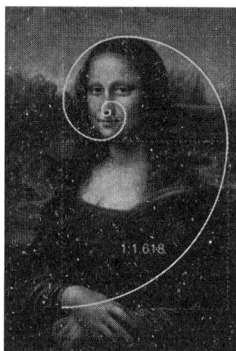

图 2 - 6 - 7

发,同比例放大,必然得到这样的形状。

或许正是因为黄金分割反映了宇宙自身的一个常数,我们对它才特别有亲切感,所以哪个建筑或者画作如果有意无意满足了这个条件,它就显得特别美。除了帕特农神庙,类似的还有《蒙娜丽莎》的主要结构部分也可以对应一条等角螺旋线(如图 2 - 6 - 7)。需要说明的是,无论是帕特农神庙的设计者,还是达·芬奇,他们都知道黄金分割,并且刻意使用了这个比例。

1. 五角星的秘密

最先提出黄金分割的人是谁呢？ 古埃及人似乎早在 4 500 年前把这个比例运用到大金字塔的设计中,其正切面的斜边长和金字塔高度之比正好是黄金比。不过没有证据表明他们算出了精确的比例公式,因为他们那时还不知道有无理数的存在。

今天一般认为,算出黄金分割公式的还是毕达哥拉斯。据说是毕达哥拉斯学派的人在研究正五边形的图形时,发现了黄金分割的。

他们为什么要研究正五边形和五角星呢？ 读过歌德(Johann Wolfgang von Goethe,1749~1832)的著作《浮士德》的人,知道其中有个可笑的故事,有一个不好惹的魔鬼化妆成小狗,毫无困难地悄悄溜进浮士德先生的书房,干尽坏事以后要跑出去时,猛然看见窗户上的五角星,立刻发出歇斯底里的悲鸣:"处境不妙,遇到了麻烦,那个窗户上有五角星！"

魔鬼不怕人,然而他不得不在五角星面前投降,可见这个五角星的威力是多么大。

五角星的起源为正五边形,正五边形源于正十二面体,它的每一面都是正五边形。在阿尔卑斯山脉以北(意大利境内)的某地方,考古挖掘出形状为正十二面体的古代青铜器具,被认为是具有宗教色彩的用品。住在意大利南部的毕达哥拉斯,把正十二面体中的一个面所构成的正五边形的顶点间隔相连,做成的五角星作为他们的徽章确实有些不可思议！

看来毕达哥拉斯发明了五角星后给它赋予了很强的宗教神秘色彩,能驱魔祛邪也说不定。毕达哥拉斯自己戴着黄金冠,在黄金冠上镶着五角星。

有人说既然五边形已经代表宗教色彩,他为什么还在五边形基础上创造个五角星图案呢?

因为他发现了如果把正五边形的顶点间隔相连,做成的五角星的中间又形成了一个正五边形,依次做下去就有一系列相似的正五边形,如图 2-6-8 所示,这不是正代表着它的宗教信仰可以永世不竭地传承下去吗?

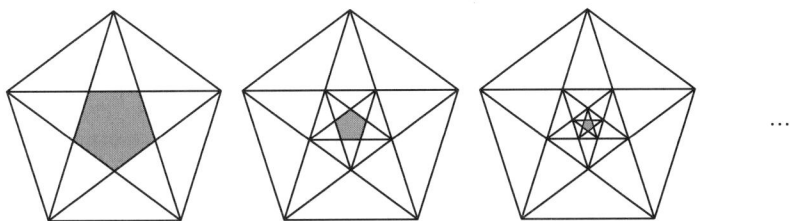

图 2-6-8

对于信奉"万物皆数"宇宙观的毕达哥拉斯来说,这个五角星的发现简直就是"神谕",那必须要把这个"神谕"翻译成数,看看上天会给他什么指示,以便由他传递给信徒。

那么既然五角星是联结两个相似正五边形的桥梁,关键的联结处在哪里呢?(下面内容如果理解有困难,请自行跳过)

在研究它之前,让我们留心注意正五边形的对角线 BE 和边 CD 的位置关系,请看图 2-6-9,容易证明四边形 $CDEB$ 是等腰梯形,显然 $BE/\!/CD$。

连结对角线 AC,交对角线 BE 于点 D',容易知道四边形 $CDED'$ 是平行四边形,$CD = D'E$。用边 ED' 的长度分割对角线 BE,余下是线段 BD',这样边长与对角线的比就转化为同一线段的部分与整体的比了,即 $\dfrac{CD}{BE} = \dfrac{D'E}{BE}$①,如图 2-6-10。

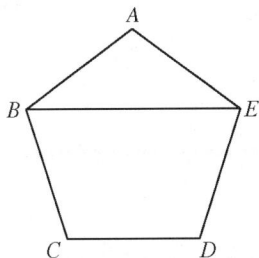

图 2-6-9

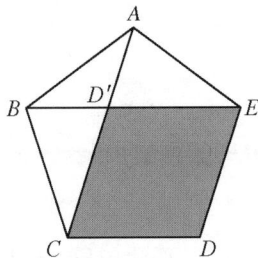

图 2-6-10

继续连结 AD，则对角线 AD 与 BE 相交于点 C'，用 BD' 的长度分割 BC'，余下线段 $C'D'$，如图 2-6-11。

接着连结 BD、CE，对角线之间依次增加交点 E'、A'、B'（如图 2-6-12）。连结 $E'B'$、$B'D'$，容易知道四边形 $BD'B'E'$ 为平行四边形，则 $B'D'//BA'$，从而有 $\dfrac{D'B'}{BA'}=$ $\dfrac{D'E}{BE}$②，由 ① 和 ② 得 $\dfrac{D'B'}{BA'}=\dfrac{CD}{BE}$③。

同理 $B'E'=BD'$④，且 $D'C'//E'B'$，所以 $\dfrac{C'D'}{B'E'}=\dfrac{AD'}{AE'}$⑤，

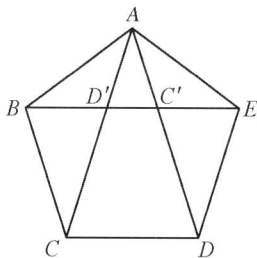

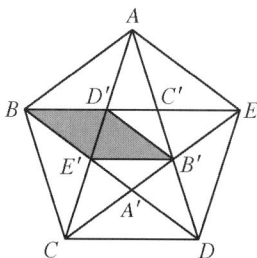

图 2-6-11   图 2-6-12

因为两个相似的正五边形的边与角都相等，容易知道 $AD'=BD'$，$AE'=BC'$，由④和⑤可得 $\dfrac{C'D'}{BD'}=\dfrac{BD'}{BC'}$⑥。

等式⑥说明 $\dfrac{\text{小正五边形的边长}}{\text{小正五边形对角线长}}=\dfrac{\text{小正五边形对角线长}}{\text{大正五边形的边长}}$，换句话说：小正五边形的对角线的长$^2=$大正五边形的边长×小正五边形边长。

等式③说明 $\dfrac{\text{小正五边形对角线长}}{\text{大正五边形的边长}}=\dfrac{\text{大正五边形的边长}}{\text{大正五边形对角线长}}$，换句话说：大正五边形的边长$^2=$大正五边形对角线长×小正五边形对角线长。

它们相互嵌套以至于无穷，所以它们的比值就是关键，通过③或⑥算出来的就是黄金数约为 0.618。

2. 植物茎叶分布与黄金数

植物叶子千姿百态，形状各异。但植物的茎从主干生发出来的排列顺序，却是极

有规律的。从植物主干的顶端向下看,如果你仔细观察,就
会发现上下层中相邻两层的茎之间约成 137.5°角,如果每
层叶子只画一片来代表,第一层和第二层的相邻两片之间
的角度差约 137.5°,以后二层到三层,三层到四层……叶与
叶之间都成了这个角度(如图 2 - 6 - 13,简直就是一个五角
星的形态!)。

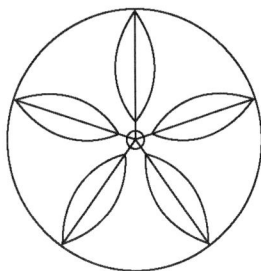

图 2 - 6 - 13

植物学家经过计算表明:这个角度对叶子的采光通风都是最佳的。叶子间的
137.5°角中,藏有什么"密码"呢?

转一周是 360°, 360° − 137.5° = 222.5°,而 137.5° : 222.5° ≈ 0.618, 222.5° :
360° ≈ 0.618。

这样从顶端往下看,叶子就不容易被遮挡,植物采光效果最佳,原来在叶子的精巧
的排列中,竟隐藏着"黄金数"0.618。

3. 黄金三角形

毕达哥拉斯发现黄金分割规律后,把他套用到了几乎所有自相似的事物中,发现
他们很多都有这个规律,就如刚才我们在做五边形与五角星时,有心的人应该还发现
了自相似的五边形,如图 2 - 6 - 14 中正五边形 $ABCDE$ 和正五边形 $A'B'C'D'E'$。

除此之外我们还能发现一些特殊的三角形,那就是黄金三角形,它们夹在了大小两
个五边形的中间,之所以能叫黄金三角形,可不是借五边形或五角星的光,人家是有"真
材实料"的,因为它们的腰与底边之比是黄金数或黄金比的三角形,如图 2 - 6 - 15。

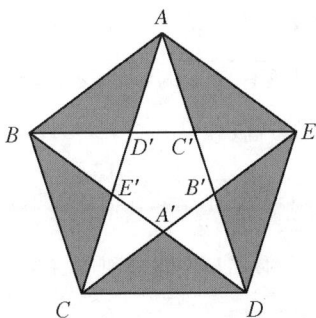

图 2 - 6 - 14

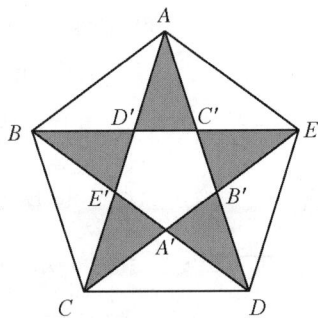

图 2 - 6 - 15

黄金三角形分两类,第一类是如图 2-6-14 中的△ABD'、△BCE'等那灰色的五个等腰三角形;此类三角形是腰与底边之比是黄金数 $\left(\dfrac{\sqrt{5}-1}{2}\approx 0.618\right)$,它的顶角是 108°,底角为 36°。如图 2-6-16,△ABC,△DAB,△EBD…组成了不断缩小的黄金三角形序列。它的一个应用就是埃及的胡夫金字塔,其正投影即为此类黄金三角形。

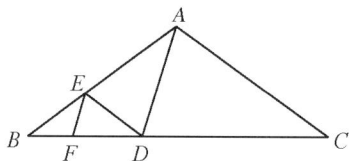

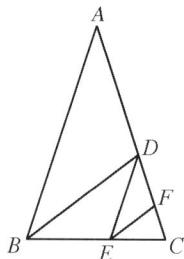

图 2-6-16   图 2-6-17

第二类是如图 2-6-15 中△$AD'C'$、△$BD'E'$等灰色的五个等腰三角形。只是它们是腰与底边之比是黄金比 $\left(\dfrac{\sqrt{5}+1}{2}\right)$,黄金比是黄金数的倒数,所以这一类三角形也可以说它是底边与腰之比为黄金数的等腰三角形。如图 2-6-17 中的△ABC,△BCD,△DEC,…组成了不断缩小的黄金三角形序列(这类黄金三角形的顶角为 36°,底角是 72°)。

4. 黄金分割的几何作图

现在想知道在一条已知线段上,如何能快速地作出黄金分割点呢?

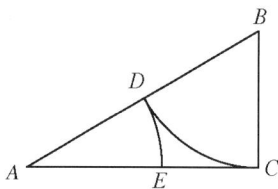

图 2-6-18

注意几何作图是有要求的(尺子没有刻度只能画直线,圆规只能划圆弧),假如已知线段 AB,作 $CB\perp AC$ 于点 C,且 $BC=\dfrac{1}{2}AC$,连结 AB,在 AB 上取点 D 使 $BD=BC$,在 AC 上取点 E 使 $AE=AD$,则点 E 为线段 AB 的黄金分割点,如图 2-6-18。

简要说明原因,设它的两条直角边 $AC=a$,则 $BC=\dfrac{1}{2}a$,由勾股定理可知斜边

$AB=\dfrac{\sqrt{5}}{2}a$,再将它减去 $BD=BC=\dfrac{1}{2}a$,得 $AD=\dfrac{\sqrt{5}-1}{2}a$,可知 $AE=AD=\dfrac{\sqrt{5}-1}{2}a$,

即 $\dfrac{AE}{AC}=\dfrac{\sqrt{5}-1}{2}\approx 0.618$,就是人们所说的"黄金数"。

5. 用纸折出黄金数

仿照上面的作图,我们可以用纸折出黄金比
(图 2-6-19)。取一张正方形纸 $ABCD$,先折出 BC 的中
点 E,然后折出直线 AE,再折出 $\angle AEB$ 的平分线 EF,得
出点 B 落在 AE 上的位置 G,然后再折出 $\angle BAE$ 的角平
分线 AH,得出点 G 落在 AB 上的位置 M,则点 M 即为
AB 的黄金分割点。同学们试着证明一下吧!

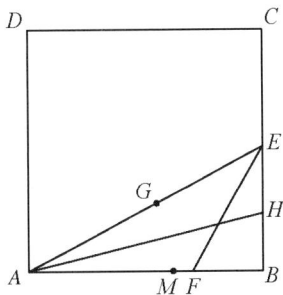

图 2-6-19

6. 音乐与黄金分割

毕达哥拉斯除了钟情数学及天文学之外,也极度热爱音乐,他对音乐的热爱可从
下面这段故事得知。有一天,毕达哥拉斯在克罗顿的郊外散步,附近一间打铁铺传来
铁锤敲打铁件的声音,铿锵声不绝于耳。那种声音实在是太悦耳了,吸引着毕达哥拉
斯走进打铁铺,他测量了铁锤的重量以及握把的长度后,得知这两者是决定敲打声清
脆或沉闷的关键。

毕达哥拉斯由此得到灵感,设计了一种乐器。这种乐器是由数条长度相同的细铁
丝排列而成,铁丝的一端分别悬挂重量不一的物品。

不过毕达哥拉斯认为,要产生让人愉快的音乐,就不能随机在连续的音调中选择
音阶,而需要根据数学上的比例设计,不久就研究出了毕达哥拉斯音阶,音阶里面的划
分也蕴含着黄金分割。

著名的巴托克音乐中对黄金分割法就体现得淋漓尽致,令人惊叹不已,它集中反

映在作品曲式结构与音程法则中。巴托克的大量作品中,乐曲的高潮恰好在黄金分割点上,即乐曲总长乘以 0.618 得出的积为乐曲的高潮点。

为什么按照黄金比例分配音乐就悦耳动听呢?

解剖学研究发现,耳蜗的形状其实也是螺旋线的,和黄金分割的等角螺线非常吻合。这可能是按照黄金分割设定音律后,声音悦耳的原因。

7. 黄金数的无穷表达式

1) 由线段的黄金比 $\dfrac{1}{x}=\dfrac{x}{1-x}$,得 $x^2+x-1=0$①。其正数解即为黄金数 $G=\dfrac{\sqrt{5}-1}{2}$,又由①,有 $x(x+1)=1$,得 $x=\dfrac{1}{1+x}$,对等式右边分母中的 x 又以 $\dfrac{1}{1+x}$ 代替,可得 $\dfrac{1}{1+\dfrac{1}{1+x}}$ 以此类推得连分数:$\dfrac{1}{1+\dfrac{1}{1+\dfrac{1}{1+\cdots}}}$,即 $G=\dfrac{1}{1+\dfrac{1}{1+\dfrac{1}{1+\cdots}}}$。

2) 由①得 $x^2=1-x$,因为 $x>0$,所以有 $x=\sqrt{1-x}$,对右式中的 x 又以 $\sqrt{1-x}$ 代替,可得 $x=\sqrt{1-\sqrt{1-x}}$,以此类推,可得 $G=\sqrt{1-\sqrt{1-\sqrt{1-\cdots}}}$。

3) 方程 $a^2-a-1=0$ 的正数解 $a=\dfrac{1+\sqrt{5}}{2}$,而 $\dfrac{1+\sqrt{5}}{2}$ 与黄金数 $G=\dfrac{-1+\sqrt{5}}{2}$ 互为倒数,即 $\dfrac{1+\sqrt{5}}{2}\times\dfrac{-1+\sqrt{5}}{2}=1$。由 $a^2-a-1=0$,有 $a^2=a+1$,$a=\sqrt{a+1}$,对右式中的 a 又以 $\sqrt{1+a}$ 代替,可得 $a=\sqrt{1+\sqrt{1+a}}$,以此类推,可得 $a=\sqrt{1+\sqrt{1+\sqrt{1+\cdots}}}$,故黄金数的倒数可表示成另一个连分数 $G^{-1}=\sqrt{1+\sqrt{1+\sqrt{1+\cdots}}}$。

黄金数的连分数和无理数表示,给人以有序而无穷的印象,真是神奇!

8. 华罗庚的优选法

优选法有两个含义,首先它能够找到实际问题的最佳解。其次,它强调寻找最优解的方法本身最简单,或者说最优,具体来说,就是用最少的试验次数来找出最优解在哪里。

做馒头需要加碱,到底放多少碱才合适? 这是一个优选问题。为了加强钢的强度,在钢中加入碳,到底放多少碳才能使钢的强度最大? 这也是一个优选问题。在日常生活和生产中,我们常常可以遇到许多优选问题。到底怎样来解决这个问题就要靠试验。但怎样节省时间,使试验的次数最少就能达到目的?

华罗庚(1910~1985)就是这方面的高手,作为 20 世纪中国最有成就的数学家,人们记住他的反而是他的优选法,主要还是生产生活从中受益良多。华罗庚从 1964 年起,走遍大江南北二十几个省市,推广优选法,其中用的最多的是 0.618 法(优选法的原理就是基于我们前面介绍的黄金分割,因此华先生又称之为"0.618 法")。为方便说明,我们就假定影响结果的变量(华先生称之为因子)只有一个,比如做馒头时放碱的量。

我们假定 1 公斤面粉,放碱的重量范围为 0~10 克之间,精准度到 0.1 克。当然碱放得太多太少都不行。我们还假定用不同碱量做出来的馒头的口味是可以量化度量的。

根据优选法,第一次试验取在黄金分割点,也就是 0~10 克之间 6.18 克的位置。如果我们发现这样做出来的馒头碱多了,那么怎么办呢? 根据华先生的优选法,第二次做试验选择从 0 到 6.18 克之间的黄金分割点。

黄金分割有一个特别好的性质,就是(1−0.618)/0.618=0.618,这样一来,0 到 6.18 克的黄金分割点正好是 10−6.18=3.82 克的位置,这就使得这前后两次找到的黄金分割点,6.18 和 3.82 中间出现了中间点,恰好是 5.0 克,也就是说 5.0 成了两次黄金分割点的对称点。

华罗庚先生用了一个非常生动形象的方法来解释这一特征,他称之为折纸法,即把第一个黄金分割点,标记在纸上,然后把纸从中间对折一下,第二个黄金分割点的位置也显示出来了。

优选法的效率很高,而且有坚实的理论支撑。比如说做 5 次试验,就可以将范围缩小到原来的 $\frac{1}{10}$ 以下。

华罗庚先生的0.618法,给这一大类问题找到了一个结果比较令人满意的,步骤非常容易遵循的方法。当时初中毕业的普通工人都能学会使用,于是优选法在中国得到了极大的普及。

9. 数列-当下很重要,但趋势更重要——兔子数列

我们先来看一个具体的数列,给你这样一串数字:

$$1,1,2,3,5,8,13,\cdots$$

如果让我们推测13的下一个数字应该是什么,估计大家都能发现规律,由于每一个数字(除了前两个)都是前面两个数字之和,因此下一个应该是21,即8+13。没错,像这样一连串数字放到一起,叫做数列。

没有规律的数列讨论它没意义。有规律的数列是数学研究的重点内容之一,并且是高考的重点考察内容。

初中我们比较常见的两种数列分别是这样的:1,2,3,4,5,6,7,…以及1,2,4,8,16,32,…等等,前一种数列从第二个数字起后一个减前一个是不变的常数,因此被称为等差数列,后一种从第二个数字起后一个比前一个是不变的常数,因此被称为等比数列。

像上面的数列,就是13世纪意大利数学家斐波那契(Lennardo Pisano, Fibonacci, 1175~1250)在他的《算盘书》中提出的一个兔子繁殖问题,为黄金分割大放异彩。

它反映出一个物种自然繁衍,或者一个组织自然发展过程中成员的变化规律。斐波那契数列又叫兔子数列,因为最初是这样描述的:

有一对兔子,它们生下了一对小兔子,前面的我们叫做第一代,后面的我们叫做第二代。然后这两代兔子各生出一对兔子,这样就有了第三代。这时第一代兔子老了,就生不了小兔子了,但是第二、第三代还能生,于是它们生出了第四代。然后它们不断繁衍下去。那么请问第 N 代的兔子有多少对? 这个数列,就是1,1,2,3,5,8,13,21,…

如果我们稍微留心一下这个数列的增长速度,虽然它赶不上1,2,4,8,16这样的翻番增长,但其实也很快,也呈现出一种指数增长的趋势。在现实生活中,兔子的繁

殖就是这么迅猛。

相信大家都听说过澳大利亚兔子泛滥的故事。简单讲就是在澳洲兔子没有天敌,由于兔子繁殖能力强,哪怕是澳洲人民全民吃兔肉也消灭不完,甚至动用了病毒,侥幸活下来的兔子到现在依然数量庞大,这就是指数增长可怕的实例。

接下来,我们就定量地分析一下斐波那契数列的增长里藏着什么秘密!不妨用 a_n 代表数列中第 n 个数,那么 a_{n+1} 就表示其中的第 $n+1$ 个数。我们再用 r_n 代表 a_{n+1} 和 a_n 的比值,也就是后一个数和前一个数的比值,你可以把它们看成是数列增长的相对速率。下面的表 2-6-1 给出了斐波那契数列中前 10 个的数值,以及增长的速率。大家可以看出 r_n 这个比值,很快趋近于 1.618 了,这恰好是黄金比。

表 2-6-1

a_n	1	1	2	3	5	8	13	21	34	55	⋯
r_n	1	2	1.5	1.66	1.6	1.625	1.615	1.619	1.618	1.618	⋯

这个结论说明,数学的各个知识点,可能存在某种天然的联系,这似乎是数学这套系统本身浑然天成的结果,因此人们说这就是数学之美的体现。

10. 人体美与黄金分割

据医学专家研究发现,体形健美者的容貌外观结构中,至少有 4 种共 42 个因素和"黄金分割"有关。专家提出的人体黄金分割因素包括 4 个方面:

1) 18 个"黄金点":如脐为头顶至脚底之分割点,喉结为头顶至脐的分割点,眉间点为发缘点至颌下的分割点等;

2) 15 个"黄金矩形":如躯干轮廓、头部轮廓、面部轮廓、口唇轮廓等;

3) 6 个"黄金指数":如鼻唇指数是指鼻翼宽度与口裂长之比,唇目指数是指口裂长度与两眼外目此部距之比,唇高指数是指面部中线上下唇高度之比等;

4) 3 个"黄金三角形":如外鼻正面三角,外鼻侧面三角,鼻根点至两侧口角点组成的三角等。

近年学者还发现,前牙的长宽比、眼睛高度与眉眼间距之比等,均接近于"黄金分割点"的比例关系。专家认为这些发现不仅为评价体型优劣提供了科学依据而且为美容医学的发展以及为临床进行人体美容的创造和修复提供了科学的依据。

关于黄金分割的应用简直千变万化,都充分体现了自然的和谐、统一、无穷之妙,当你仔细观察和思考后,会发现宇宙中凡是有它起作用的地方就能找到和谐的美;平时学习工作中当你有意无意符合它时事情就发展得比较顺利;当问题比较棘手你尽量运用它时困难就容易得到解决。黄金分割就是大自然赐给人类的点金术!

2.7 非欧几何

1. 泰勒斯对几何学的贡献

几何学 4 000 多年前在埃及纸草书中已有专门的几何计算问题,当时主要是人对自然界的有意识的改造与创新(发明车轮,建筑房屋、桥梁、粮仓,测量长度,确定距离,估计面积与体积等)而出现的实验几何学。

公元前 7 世纪,"希腊七贤"之一的泰勒斯(Thales of Miletus,公元前 625～前 547)到埃及经商,掌握了埃及几何学,传回希腊,那时,希腊社会安定,经济繁荣,人类对仅仅知道"如何"之类的问题已不满足,他们还要探究"为何",于是演绎推理方法应运而生,以泰勒斯为首的爱奥尼亚学派将几何学由实验几何学发展为推理几何学。

泰勒斯贡献除了发现一些诸如:"内接于半圆的角是直角"等命题,更重要的是他提供了逻辑推理方法。这样,泰勒斯成为第一个在数学中运用证明的人,他的贡献是数学发展史上的一个里程碑,后人尊称他为推理几何学的"鼻祖"。

2. 欧氏几何第五公设的疑问

欧几里得(Euclid,约公元前 330～公元前 275)是希腊亚历山大城的著名数学家。在那时,欧几里得总结了前几代数学家的研究成果,把内容繁杂、编排无序的几何学整理成为科学的体系,其实在他之前也有许多科学家尝试过,而他是唯一的成功者。他的伟大之处在于创造了一套组织方法:筛选定义、选择公理,将前人的数学成果以命题的形式作出表述并给予严格证明,合理编排了内容,就像一位建筑师,利用他人的数学材料,建起了一座宏伟的数学大厦——《几何原本》,构成了欧几里得几何学,其最重要意义就是奠定了数学的公理化思想。

欧氏几何影响深远,一提到几何,就会想到他,欧几里得成了几何学的代名词。但是,在欧氏几何中的 5 条公设中的第 5 条,即平行公理:"过直线外的一点,有且只有一条直线和已知直线平行。"它既不是"显而易见",而且在《几何原本》465 个命题中,只有一个命题"三角形内角和等于 180°"用到了这一结果,因此它似乎没有作为公设的必要!

第五公设不"自明"的第一个原因是关于直线的理解:如何判断一条线是直的?我们通常说"两点间具有最短距离的线"是直线,"最短距离"又如何判定呢?比如,从上海到深圳两点的最短距离是直线吗?一般认为它是从地面上走过的一条线段,但它本质上是一个地球大圆的一段圆弧(走两点直线就要挖洞了)。

第五公设第二个不"自明"原因是关于平行线的理解:对于"平面上两条永不相交的直线是平行线"这句话,如何知道两条直线会永不相交?人们无法用直观感受去认识,也就无法断定是否平行。这些说不清、道不明的断言作为公设确实让人难以信服。

于是,人们认为这条公设不够完美,很希望把它剔除掉。大家想的最多的就是用其他 9 个公理(剩下的 4 条公设和 5 条公理)证明它。

高斯被誉为非欧几何的先驱,早在 1792 年,15 岁的高斯就思考过第五公设问题。当高斯竭尽全力也证明不出平行公理时,逐渐认识到它是不可能用其他 9 条公理证明的。于是,他知道这个第 5 公设确实只能作为欧氏几何的公设或公理。从 1799 年起,他就着手建立"非欧几何"的新几何学。1824 年,高斯在给朋友的信中写到:"三角形内角和小于 180°,这一假设引出一种特殊的、和我们的几何完全不相同的几何。这种几何自身是完全相容的,当我发展它的时候,结果完全令人满意。"他的这一假设相当于把平行公理改换为:"过直线外一点可以作多条直线与之平行"。

由于顾及自己的名声,高斯没有勇气公开发表他的这种与现实几何学相悖的新发现。正在他犹豫不决时,一位叫鲍耶的匈牙利少年把这种新几何提了出来。鲍耶是高斯一位大学同学沃夫冈·法卡斯·鲍耶(Farks Bolyal,1775~1856)的儿子。老鲍耶曾对第五公设着迷,但无功而返,深受第五公设之害。也极力制止儿子研究第 5 公设问题,但这一做法反而激发了小鲍耶的好胜心,他不听劝阻,潜心钻研。资料显示小鲍耶在 1825 年就已经建立起了非欧几何的思想,并且在那时他已经相信新几何是一个自身相容的逻辑体系。1832 年,老鲍耶把小鲍耶的学术成果——《关于一个与欧几里得平行公设无关的空间的绝对真实性的学说》,作为附录附在自己的几何著作后面,并把该书寄给高斯请求他的评价。高斯在回信中表示如果要称赞小鲍耶的工作等于称赞自己,因为那篇论文与自己 30 年前就开始的一部分工作几乎完全相同。并且说,由于大多数人对此抱有不正确的态度,他本来一辈子不愿意发表它们,现在正好由老同学的儿子发表了,也了却了他一桩心愿。高斯的回信极大刺伤了小鲍耶的自尊心,他认为高斯依仗自己的学术声望,企图剽窃他的成果,因而陷入失望、一蹶不振,放弃了数学研究。

3. 罗巴切夫斯基几何

罗巴切夫斯基(Nikolas Ivanovich Lobachevsky,1792~1856)是从 1815 年开始研究第五公设问题的。他开始也是循着前人的思路,试图给出第五公设的证明。在保存下来的他的学生听课笔记中,记有他在 1816~1817 学年度几何教学中给出的几个证明。不过,很快他便意识到自己证明的错误,但前人和自己的失败从反面启迪了他,使他大胆思索问题的相反提法:可能根本就不存在第五公设的证明。于是,他便调转思路,着手研究第五公设不可证问题,这是一个全新的,也是与传统思路完全相反的探索途径。

他在几何学的重要贡献就是运用反证法证明第五公设不可证性,结果推得了一个新的几何体系。方法首先是对第五公设加以否定,然后用这个否定命题和其他欧氏公理公设组成新的公理系统,并由此展开逻辑推理。假设第五公设是可证的,即第五公设可由其他欧氏公理公设推导出来,那么,在新公理系统的推导过程中一定能出现逻辑矛盾;反之,如果推导不出矛盾,就反驳了“第五公设可证”这一假设,从而也就间接地证得“第五公设不可证”。

依照这个思路,1823 年,罗巴切夫斯基对第五公设加以否定,用命题“过直线外一点可以作两条直线与之不相交”代替第五公设作为基础,保留欧氏几何学的其他公理和公设,经过严密逻辑推理,得到一连串古怪的命题,诸如三角形的内角和小于 $180°$,而且随着边长增大而无限变小,直至趋于零等。但是,这些命题之间不含有任何逻辑矛盾。这是一个逻辑合理、与欧氏几何彼此独立的几何新体系。

罗巴切夫斯基于 1826 年 2 月 11 日在喀山大学数学物理系的学术讨论会上做了题为《关于几何原理的扼要叙述及平行线定理的一个严格证明》的报告。由于当时没有找到这种几何的实际应用,把这种几何称为"想象几何学"。参加会议的都是当时著名学者,比如著名数学家、天文学家西蒙诺夫(A. M. Cимонов, 1915~1979)、科学院院士古普费尔(A. R. KYI-Iφep)等,他们对罗巴切夫斯基得到的古怪命题总体持否定的态度。罗巴切夫斯基并未因此灰心,1829 年,他又在《喀山大学通报》上发表了一篇题为《几何学原理》的论文,并呈送彼得堡科学院评审。科学院委托著名数学家,声望卓著的奥斯特罗格拉茨基(Ostrogvadsky, Mikhail Vaslilievich,1801~1862)院士进行评价。他给的鉴定甚至比喀山大学的教授们更加保守,对罗巴切夫斯基的新几何思想进行了歪曲和贬低,还粗暴地断言:"由此我得出结论,罗巴切夫斯基校长的这部著作谬误连篇,因而不值得科学院的注意。"

罗巴切夫斯基依然不气馁,在接下来的日子,他不断为这种几何学增加新内容。但是,他的创造性工作在生前始终没能得到学术界的重视和承认,更没有公开的支持者。在他去世之前两年,俄国著名数学家布尼雅可夫斯基(Виктор Яковлевич Буняковский,1804~1889)在其所著的《平行线》一书中试图通过论述非欧几何与经验认识的不一致性,来否定非欧几何;英国著名数学家迪摩根(De Morgan,1806~1871)也说:"我认为,任何时候也不会存在与欧几里得几何本质上不同的另外一种几何";就连最先认识到非欧几何思想的高斯也不肯公开支持他的工作,当高斯看到罗巴切夫斯基的德文非欧几何著作《平行线理论的几何研究》后,内心充满矛盾,一方面私下他称赞罗巴切夫斯基是"俄国最卓越的数学家之一",并下决心学习俄语,以便直接阅读罗巴切夫斯基的非欧几何著作;另一方面,他从不以任何形式对罗巴切夫斯基的非欧几何研究作公开评论。

晚年的罗巴切夫斯基双目失明,在学术上又受到打压,心情沉重,但仍以口述的方式写下了最后著作《泛几何学》,1856 年他在病痛和苦闷中逝世,作为一个无论在人格上还是在工作中都值得尊敬的人,喀山大学师生为他举行了隆重的追悼会,同事们和学生们高度赞扬他在培养数学人才和建设喀山大学等方面的卓越功绩,却没人提他的非欧几何研究,可见在当时人们普遍认为非欧几何纯属"天方夜谭"。这也从侧面印证了高斯为什么没有勇气站出来支持罗巴切夫斯基,可见人们的固有认知、惯性思维、世俗力量是多么强大!

但是,历史是公正的,正确的见解和思想终将会得到客观的评价。人们之所以不能接受罗氏几何就是因为非欧几何中的观点与人们的常识差距太大,不过意大利数学家贝尔特拉米在 1868 年发表一篇名为《非欧几何解释的尝试》的论文,证明了非欧几何可以在欧几里得空间的曲面上实现。也就是说,非欧几何命题可以"翻译"成相应的欧几里得几何命题,如果欧几里得几何没有矛盾,非欧几何自然也就没有矛盾。直到此时,长期遭到非议的非欧几何才开始获得学术界的深入研究,罗巴切夫斯基的独创性研究也就由此得到学术界的高度评价。最终,后人为了纪念罗巴切夫斯基,把 1826年 2 月 11 日确定为非欧几何的诞生日,并把这种几何称为罗巴切夫斯基几何。

4. 黎曼几何

波恩哈德·黎曼(Georg Friedrich Bernhard Riemann,1826~1866),是德国著名的数学家,是个多病而且害羞的人,终生喜欢独处。20 岁时,黎曼进入哥廷根大学学习哲学和神学,由于听了几节高斯的数学讲座,改学数学。作为高斯的学生,他 25 岁获博士学位,此后的 3 年,他建立了黎曼空间的概念,把欧氏几何、非欧几何包括进了自己创建的体系之中,因为学术成绩显著而成为哥廷根大学讲师。在又过了 3 年的1857 年,他在哥廷根大学作了题为《论作为几何基础的假设》的报告,开创了"黎曼几何"。黎曼可以说是最先理解非欧几何全部意义的数学家,他创立的黎曼几何不仅是对已经出现的非欧几何的承认,而且还显示了包容其他非欧几何的特性。

在黎曼几何中,重要对象之一是常曲率空间,对于三维空间而言,曲率值有三种情况:第一种曲率恒等于零,这对应着我们学习的欧氏几何;第二种曲率为负常数,这对应着之前的罗氏几何;第三种曲率为正常数,这对应着黎曼几何。

黎曼几何的基础也是从否定第五公设出发,是用命题:"过直线外一点所作任何直线都与该直线相交"代替第五公设作为前提,保留欧氏几何学的其他公理与公设,经过严密逻辑推理而建立起来的几何体系。它否认"平行线"的存在,这就是狭义的黎曼几何。

5. 三种几何学的对比

三种几何学都拥有除平行公理以外的欧氏几何学的所有公理体系,如果不涉及与平行公理有关的内容,三种几何没有区别。但是只要与平行有关,三种几何的结果就相差甚远。并由此产生出了一套对空间的不同理解。

罗氏几何把平行公理,即第五公设改为"……不止一条平行线",并且应用由此而来的全部结论,那么空间就由我们平时熟悉的(欧氏几何)方方正正的形状,变成了马鞍形,也称为双曲空间。

在这样的空间里,有明显不同于欧式空间的性质,比如:三角形的三个角加起来就小于 180°;两平行线之间的距离沿平行线的方向越来越大;也不存在矩形和相似形等等,许多欧几里得几何的结论在这个新的体系中都要修改。

黎曼几何把平行公理改为"……没有一条平行线",由此得出的结论,使空间被扭曲成椭圆球的形状。这个空间每一个切面是椭圆,因此它也被称为椭球空间。

如果你在这个空间平面上画一个三角形,它的三个角加起来大于 180°,这个结论其实在地球上很容易证实:一个人从北极出发往正南走 10 米,再往正西走 10 米,最后往正北走 10 米,这个人又回到了出发的北极点,而他走过的这个三角形的三个角之和为 270°;还有两平行线之间的距离沿平行线的方向会越来越小;同罗氏几何一样在黎曼几何中也不存在矩形和相似形等。

三种几何学有着相互矛盾的结论,但真理不是应该只有一个吗?为什么会出现三种矛盾的真理呢?这个问题就出现在欧几里得《几何原本》提出的那些公理中,因为他根本没有定义什么叫做平面。虽然我们在中学时把所学的欧几里得几何称为了平面几何,但是我们脑子里所想的平面其实是没有定义的。

因此,这里我们可以收获一个理性思维,即生活中习以为常的事情,在没有明确说明之前,大家的认识其实会有误解。比如几个人约会,常常就有人说"马上到"结果 1 个小时还没到,而有些人会再三地说"对不起,今天可能要迟到一会儿!",我们以为他会至少晚到一段时间,结果 5 分钟就到了,这就是时间观念的差别。想少浪费时间的开展活动,尽量给别人准确到分的时间约定。

事实上,对平面作如下明确的定义:满足平行公理的面被称为平面,那么欧氏几何的基础就更扎实了。虽然非欧几何和欧氏几何在形式上很不相同,但却是殊途同归。同一个命题,可以在这三种系统的框架内相互转换,因此如果欧几里得几何没有矛盾,非欧几何也就自然没有矛盾。不过,三种几何在生活中有着不同的适用范围,是后来随着其他学科研究的不断深入人们才总结发现的。

例如,在日常小范围内的房屋建设、城市规划等,欧氏几何学是适用的。但是,如果要作远距离的旅行,例如从上海到纽约,在地球平面上海到纽约的最短路线已经不再是直线,而是一条圆弧,这也就是如果坐过飞机从上海飞过纽约的人都会知道,飞机不是从上海跨过太平洋直飞纽约,而是先往北朝着北极方向绕着飞到纽约,因为出于节约成本考虑,地球上空飞行最短的路线叫做"大圆航线",如果只考虑路线长短,朝北极飞行是最经济的。地球上的球面三角学就是黎曼几何学。如果把目光放得再远些,在宇宙中漫游时,可能就需要罗巴切夫斯基几何学了。

6. 非欧几何的意义

那当时的数学家们费力不讨好地搞出这些非欧几何有什么用处呢?其实欧几里得把几何学上升称为理论体系,在当时来看,对于实际生活也没什么用途。这就让我想起一个有趣的故事,柏拉图(Plato,公元前 427~公元前 347)原本跟着老师苏格拉底学哲学,后来游历见识多了才发现数学与哲学间不可分割的关系。后悔自己不重视数学之后,他开始进行深入的数学研究,尤其对几何学感兴趣,认为不管是自己专攻的哲学还是任何一门学问,甚至在思想发展方面,都需要数学作为辅助。还在大门口立下牌子,上面写着:不懂几何学者,不得入内!

数学家们把生活的三维空间扭曲成各种形状,除了对数学本身的迷恋以外,当时确实也没有多少现实生活用途。不过,黎曼作为数学家,他希望一些涉及到曲面的问题在解决时能够简洁统一。比如在一个三维的欧几里得空间,一个球面的方程是 $x^2 + y^2 + z^2 = 9$,而在黎曼空间中,它就是 $R = 3$ 这么简单。虽然它们在数学上是等价的,但是形式上差异很大。在黎曼几何的表达下球面和其他曲面的问题在形式上就能做到比较简单一致的表达。

但是,这只是解决数学内部本身的问题,在黎曼几何诞生之后的半个多世纪里,它也没有找到太多实际的用途,真正让它为世人知晓的并非其他数学家,而是著名的物理学家爱因斯坦(Albert Einstein,1879～1955)。在爱因斯坦著名的广义相对论中,所采用的数学工具就是黎曼几何。

根据爱因斯坦的理论,一个质量大的物体(比如恒星),会使得周围的时空弯曲,牛顿所说的万有引力被描述为弯曲时空的一种几何属性,即它的曲率。爱因斯坦用一组方程,把时空的曲率,其中的物质,能量和动量联系在一起。

之所以采用黎曼几何这个工具,而不是欧氏几何来描述广义相对论,是因为时空和物质的分布是互相影响的,并不像牛顿力学里面所认为的时空是固定的。特别是在大质量星球的附近,空间被它的引力场弯曲了:在这样扭曲的空间里,光线走的其实是曲线。1918 年,爱丁顿(Arthur Stanley Eddington,1882～1944)利用日食观察星光曲线的轨迹,证实了爱因斯坦的理论。这件事也让黎曼几何成为了理论物理学家们很常用的工具。再比如,过去三、四十年中,物理学家对超弦的理论极度着迷,而黎曼几何则是这些理论的数学基础。此外黎曼几何在计算机图形学和三维地图绘制等领域有广泛的应用。特别是在计算机图形学中,今天计算机动画的生成离不开它。

总结起来非欧几何的意义有两个大的方面:一是从数学内部来讲,首先,解决了平行公理的独立性问题。推动了一般公理体系的独立性、相容性、完备性问题的研究,促进了几何学这一数学分支的丰富与发展;其次,证明了对公理方法本身的研究能够推动数学的发展,理性思维和对严谨、逻辑、完美的追求,推动了科学,从而推动了社会的发展和进步。

二是从数学外部来讲,首先,它促进了经济学、社会学等学科的发展。认识了非欧几何的发展历程后,其他学科也希望用公理化方法建立自己的科学体系。比如经济学中的公平三原则等;其次引起了人们关于几何观念和空间观念的最深刻的变革。它预示了相对论的产生,就像微积分预示了导弹、卫星一样。

刚才提到过,本质上三种几何学是等价的,可以相互转化,而数学作为工具学科,三种几何学就相当于我们手里的工具,要根据实际情况的不同选取不同的工具。工具的运用也是很有讲究的,比如在计算机刚流行时,程序员是很高大上的工作,需要学习汇编语言,比较难学,但是随着计算机的普及和发展,当 C 语言,乃至 Java 语言出来之后,基本上很少再用到汇编语言了。那是不是说汇编语言就没有用了呢? 并不是,如果你不了解汇编语言,就不知道系统底层是怎么运作、就不会开发硬件驱动,就只能做系统或硬件的傀儡。当然如果我只是普通电脑用户就没有必要学习汇编语言,这就是选择工具的技巧了。

再比如拧螺丝,没有螺丝刀用刀子也能将就,甚至把刀尖磨平,但就不能做到得心应手,如果再精细的要求就有困难了,比如需要伸到某个只有匹配的螺丝刀能进入的空间,刀子恐怕就无能为力了。而爱因斯坦的过人之处在于他善于找到最方便的数学工具。人们都认为是爱因斯坦创立了相对论,事实上,也许爱因斯坦更清楚,是他和庞加莱、闵科夫斯基、希尔伯特等一批数学家共同研究创立了相对论才更准确客观些。

对于三种几何其实它们在 10 条公理中有 9 条都是相同的,最后只差了一条看似最无关紧要的公理,但是,由此之后发展出来大相径庭的知识体系。

从这里我们可以总结两点做事经验,人们时常在学习别人的经验时,觉得似乎自己学到了,但是做出来的结果就是不一样。大部分时候,这种差异来自于细节,可能就是那 10% 的不同。但是,我们常常会满足于那相同的 90%,忽略了那一点差异,这就导致了完全不同结果。

另一方面,当我们基于新的假设(这种新假设经常出现在人们想当然的认知盲点),得出一个和别人不同的结果时,不要盲目否定自己,那些与众不同的结果或许在特定场合有用。"天生我材必有用",不必刻意强求和别人一样,在符合法律、道德的原则下,发挥自己的长处,跟随自己的心,也许更能活出自己的精彩。

第三章　　　代　数

3.1　代数的起源

从 1 支笔、1 个苹果、1 张纸等有共同点的东西中，可以抽出数字 1 来。这样就逐渐得出所谓 1，2，3，…自然数。

这与从桃花、玫瑰花、茉莉花等花中抽出"花"这个名词的道理是一样的。

出现了"花，草……"这类词语标志着人类语言前进了一大步。当遇到所指的包括很多东西，为了避免纠缠细节，人类的抽象能力进一步把它们统统叫做"这个"或"那个"。

与此相类似，在数的语言中也存在将 1，2，3，…全部以文字 a 来代表的数的代名词。

由于人们生产生活及数学本身的需要，从事物中第一次抽象出来的数还不够用，当需要表示数量关系的一般规律，用数就难以表达，这就引起数学的第二次抽象，即用字母表示数，字母的引入产生了代数。

在约公元前 1800 年埃及的纸草书和约公元前 8 世纪巴比伦的泥板书中就有方程及其解法。不过，古代的算术、代数、几何是互相交织的，而且古希腊几何的高度发展，使代数几乎成了几何的附属品。

如果寻找埃及、希腊等地的古代数学，你可能会发现几乎都是与几何学相关的数据，好像数学就等同于几何学，因此像欧几里得、毕达哥拉斯、阿基米德、阿波罗尼奥斯（Apollonius of Penga，约公元前 262～约公元前 190）、托勒密（Claudius Ptolemaeus，约 90～168）、泰勒斯（Thales，约公元前 624～公元前 547 或 546）这些有名的数学家，都是以几何学研究而出名的人物。

公元前 1 世纪的《九章算术》是文字代数的代表。"方程"一词源于中国古代数学家刘徽(约公元 263 年),也说明我国在那时就有代数的萌芽。

大约在公元 100 年,希腊数学家尼可马霍斯(Nicomachus of Gerasa,约公元 100)写了一本《算术入门》,是一本真正摆脱几何形式的算术书,他开辟了希腊数学的新途径。

1. 丢番图与他的《算术》

在几何学大师辈出的时代,出现了一位独树一帜的学者,他的名字叫作丢番图(Diophantus,约 246～330)。他是代数学的先驱,但人们对其生平却知之甚少,只知道他在 3 世纪中叶至 4 世纪住在埃及的亚历山大城,据说他的墓碑上刻有一段这样的谜语:

"过路的人!

这儿埋葬着丢番图。

请计算下列数目,

便可知他一生经过了多少寒暑。

他一生的六分之一是幸福的童年,

十二分之一是无忧无虑的少年。

再过去七分之一的年程,

他建立了幸福的家庭。

五年后儿子出生,

不料儿子竟先其父四年而终,

只活到父亲岁数的一半。

晚年丧子老人真可怜,

悲痛之中度过了风烛残年。

请你算一算,丢番图活到多大,

才和死神见面?"

好奇的人以此做了个方程:$\frac{1}{6}x+\frac{1}{12}x+\frac{1}{7}x+5+\frac{1}{2}x+4=x$。得到的答案是:

$x=84$（岁）。没人知道这是否为事实，但无论如何，丢番图都是一位很独特的学者，悄悄地来、又悄悄地去，正是他的人生写照。

丢番图没有受教于伟大的老师，也没有将自己的研究传给优秀的弟子，一生都在孜孜不倦地独自研究。他伟大的著作《算术》（Arithmetica）原有 13 卷，现在只剩下 6 卷。这是一部在数学史上可以和欧几里得《几何原本》比肩的开创性著作，也是希腊数学中代数最重要的部分。

《算术》中记载了当时其他学者还未发现的一次、二次不定方程，以及特殊的高次方程的解法。在多元联立方程、三次方程的解法及整数论等方面，尤其是他以独特的方法研究出了不定方程的解法，因而后来"丢番图方程"成为"不定方程"的别名。这本书可算是世界上数论、代数研究方面最古老的书籍。

丢番图将这些研究全部整理于共有 13 卷的著作《算术》（Arithmetica）中，但由于当时正值几何学全盛时期，没人对他的研究感兴趣，后来这部名著就随着他的过世而消失了一千多年。

15 世纪中叶，有人意外发现了这些珍贵的文献，到了 16 世纪，德国海德堡大学教授霍尔兹曼（Wilhelm Holzmann）将其在 1575 年译为拉丁文，但很可惜的是原著散失，仅保存了六卷。

关于这本书还有个有趣的故事，法国数学家费马（Pierre de Fermat，1601～1665）在 1637 年研究《算术》一书时，对其中某个方程颇感兴趣，并认为其无解，记录道："关于此，我发现了一种美妙的证法，可惜这里的空白太小，写不下"，这位数学家竟然找了如此的理由未将他美妙的证法写下来，不知道他是在开玩笑，还是故意给后人留了一个天大的"玄虚"，这个"费马大定理"以其独特的魅力，困扰了数学家 300 多年，直到英国数学家安德鲁·怀尔斯（Andrew Wiles，1953～　）在 1995 年完成证明，并因此获得了 2016 年的阿贝尔奖（此奖有数学界的诺贝尔奖的称号）。

2. 初等代数

代数学的发展大致粗略可分为初等代数、高等代数和抽象代数。

初等代数又叫古典代数，是算术的推广，即以字母代表数，并以数的运算规律为依据进行数、字母及其表达式间的运算。简单说就是小学数学的简易方程、中学数学的代数部分。解方程是初等代数中的一个核心问题。

约公元 830 年阿拉伯著名数学家穆罕默德·本·穆萨·阿尔·花拉子密（AI-Khwarizmi，约 780～约 850）的著作，该书名为"还原与对消的科学"，"还原"今称"移项"，"对消"今称"合并"。约 1140 年，这本书的译文传到欧洲，转成译文后来简译为"algebra"，就是今天的代数学。

用符号代替数字与运算是经过数字再抽象的过程，对于抽象思维的要求较高，发展经历了漫长的过程。简单说可以分三个阶段：

第一阶段是文字代数学。其主要标志是代数书全部用文字表述。在丢番图以前的代数都是文字叙述代数，还有阿尔·花拉子密和我国的古算都是用语言文字叙述与解答问题的，这都是文字代数，使用起来很不方便。

第二阶段是简写代数学。其主要标志是采用以速记为目的的简写形式表示数量、关系与运算。古希腊数学家丢番图对代数学的重要贡献之一就是简写了希腊代数学。

第三阶段是符号代数学。经过人类漫长曲折的实践，符号代数终于在 16 世纪逐步走向成熟。法国数学家韦达（Viete，Francois，1540～1603）对代数学符号化的发展做出了重要贡献。韦达的职业是一名律师，业余爱好钻研数学。他的《分析方法入门》一书被西方数学史家推崇为第一部符号代数学。韦达用元音字母表示未知数，辅音字母表示已知数。

在 1637 年，法国数学家笛卡儿（René Descartes，1596～1650）用字母表中的后几个字母表示未知数，前几个字母表示已知数，并延续至今。

为了之后的数学研究者方便，近现代数学的发展一直保持这样一种习惯：即引入一种新的数学概念和数学关系时，也同时引入表示它们的符号。

在中学数学课本中，"韦达定理"是指一元二次方程的根与系数的关系，实际上这只是韦达定理的一种特殊情况。对于一般的一元 n 次方程

$$a_n x^n + a_{n-1} x^{n-1} + \cdots + a_1 x + a_0 = 0,$$

其 n 个根 x_1，x_2，$\cdots$，x_n 满足如下关系

$$x_1 + x_2 + \cdots + x_n = -\frac{a_{n-1}}{a_n},$$

$$x_1 x_2 x_3 \cdots x_n = (-1)^n \frac{a_0}{a_n},$$

由此可以看出,二次方程根与系数的关系是上述结论的一个特例。

从"代数"拉丁文的词源意思是"移项"与"合并"可以看出,解方程在代数历史上是处于核心位置的。二次方程的求根公式早在公元前4世纪就已经为巴比伦人所认识。

从公元8世纪到16世纪中叶,西方数学家都为他们能够解某一类方程而自豪,解方程的能力就代表了数学能力。在这一时期,经过众多数学家的艰苦努力,人们逐渐得到了二次、三次和四次方程的公式解。16～17世纪学术辩论非常流行,最有代表性的就是一段围绕"谁先发现了三次方程的求解方法"辩论。到了一般的五次方程却卡住壳了,那么一般的五次或者五次以上的方程是否一定有解? 又是如何求解呢? 在此后的两百多年的时间里,无数数学家为此作出过不懈努力,但都没有成功. 最后还是由伽罗瓦(Évariste Galois,1811～1832)用"群"的方法彻底解决了"代数方程"的可解性理论问题,关于方程求解的精彩故事还会在后面的"方程"一节中详细介绍。

1742年12月15日,瑞士数学家欧拉(Euler, Leonhard, 1707～1783)在一封信中明确提出:在复数范围内,n 次方程有 n 个根(包括重根)。该定理后来被命名为"代数学基本定理",它的提出标志着初等代数发展的顶峰,高斯在1799年给出了这一定理的严格证明。

1770年,欧拉的德文版《代数学引论》出版,这是第一本完整的初等代数著作,它是对初等代数的系统梳理与总结,标志着初等代数的问题已经基本解决。

概括起来,初等代数的基本对象为三数、三式、三方程。包括:三种数——有理数、无理数、复数;三种式——整式、分式、根式;三种方程——整式方程、分式方程、根式方程。初等代数的基本内容是代数式的运算和方程及方程组的求解,其中代数运算的特点是只进行有限次的加、减、乘、除、乘方、开方。

初等代数总共有10条规则:

1) 5条基本运算律:

加法交换、结合律;乘法交换、结合律;乘法对加法的分配律。

2) 2条等式基本性质:

等式两边同时加上(或减去)同一个数或同一个含有字母的式子,所得结果仍是等式;等式两边同时乘以(或除以)同一个数或同一个含有字母的式子(除数或除式非零),所得结果仍是等式。

3) 3 条指数律:

同底数幂相乘,底数不变指数相加;指数的乘方等于底数不变指数相乘;积的乘方等于乘方的积。

这是初等代数学的基础前提,其地位相当于几何 10 条(见本书欧几里得《几何原本》的 10 条公理与公设)。

有人会问,这代数 10 条怎么能跟几何 10 条比呢? 几何 10 条中都是像公理这样不言自明的,而像交换律、结合律、分配律不都是可以证明的吗? 真是这样吗? 我们以交换律为例:

$$a+b=b+a; ab=ba。$$

如果你从单纯数的角度解释,比如 2 个苹果加 3 个苹果和 3 个苹果加 2 个苹果,结果当然一样是 5 个苹果,这难道有什么疑问吗?

然而稍微从别的角度考虑一下交换律,你就会发现这也未必是想当然的事情。比如从运算(或者操作)角度上来解释,即以…+2 代替 2,…+3 代替 3 来考虑呢?

你可能会说,这依然很好解释:2+3 就相当于…+2 之后再进行…+3。换句话说,联系着 2 和 3 之间的+号意味着连续进行两次运算。因此,对于 3+2=2+3 这个式子,即使…+2 和…+3 这两种运算的顺序改变,结果也不会变化,这就是加法交换律的含义。

然而如果把它赋予实际意义再试试呢? 比如在打开密码锁时,如果正确的操作是"向左转到 23"再"向右转到 45",而你先"向右转到 45"再"向左转到 23"的话,密码锁应该是打不开了。也就是说,这样的两种操作是不能交换的。

再如服药有指定"饭前"或"饭后"服的情况,这里有"服药"的操作和"吃饭"的操作,这两种操作也是不能交换的。

在做事的顺序比较重要的情况下,交换律就不适用了。你不能先吃蛋糕然后再去买蛋糕;你也不可能先脱袜子,然后再脱鞋子。(好吧,如果你说吃蛋糕我分期付款、顺便还发明了一种袜子的新穿法,我认输!)

著名的物理学家穆雷·盖尔曼(Nurray Gell-Mann，1929～2019)对交换律有着十分"独特"的认识。这位十分成功的科学家在年轻时也曾为自己的未来担忧。当时，盖尔曼即将从耶鲁大学毕业，准备进入研究生院深造。盖尔曼对学校的品牌十分在意，他认为自己必须在常春藤盟校继续攻读博士学位。遗憾的是，普林斯顿大学的研究生院没有录取盖尔曼，虽然哈佛大学录取了他，却迟迟不肯给他发奖学金或助学金。当时，盖尔曼最好的选择就是去麻省理工学院攻读博士学位，他为此感到极度沮丧，因为在盖尔曼的心目中，麻省理工学院只不过是一所脏兮兮的技术类学院，根本不符合他高贵的品位。最后，盖尔曼还是接受了麻省理工学院的录取通知，去那里继续完成学业。多年以后，当谈起自己当年的选择，盖尔曼声称，当时自己甚至考虑过自杀。他表示，之所以放弃了自杀的念头，是因为他意识到去麻省理工学院读书和自杀两件事是不服从交换律的：去麻省理工学院读书并不妨碍他日后自杀，但如果自杀了就不能再去麻省理工学院读书了。既然日后如有需要时仍可以选择自杀，不妨先去麻省理工学院读书。

自然界中不服从交换律的事例还大量存在，而且这并不是件坏事。正是因为有了不可交换律，世界才能是我们今天看到的样子。在量子力学发展的初期阶段，维尔纳·海森堡(Werner Karl Heisenbeng，1901～1976)和保罗·狄拉克(Paul Dirac，1902～1984)发现了一条和我们平常的直觉认识极不相符的重要定律。如果我们用 p 表示一个粒子的动量，用 q 表示这个粒子的位置，出乎人类意料的是，$p \times q \neq q \times p$。这条定律就是著名的海森堡测不准原理。

虽然对于一般的操作其顺序是不能交换的，但对于数或式子还是满足加法和乘法运算的交换律的，即有 $a+b=b+a$；$ab=ba$。

在数学上提出来把它当作运算(操作)来考虑的是 21 岁就死了的伽罗瓦。这也就引出了现代数学运算理论——群论，它是抽象代数的基本理论之一。

因此，就像牛顿曾经把代数作为特别的语言一样，代数 10 条就相当于代数语言的语法。不过任何一种语言的语法起码要有一本书，而代数这种语言的语法则很简单，有一页纸就够了。语言由于掌握语法是一件相当麻烦的事，因而在学习外语的过程中，半途而退的人不少。但大家都能很快学会初等代数，成为世界通用的一种特别的语言，也许就是因为其语法简单吧。

但是,随着研究进一步地向未知数个数更多的一次方程组和未知数次数更高的(一元)高次方程两方面发展,相应地发展出了"线性代数"与"(一元)多项式代数"两个分支,初等代数也就发展到了高等代数,这些内容就不是每个人都能理解和掌握的了,也因此放到大学数学的核心课程,只跟那些喜欢它和需要它的人亲密接触了。

3.2 未知数的乐趣

代数学和算术的本质区别是什么? 有人说从特点来看,代数学的特点是引进了未知数(用字母符号表示数),并对未知数(或代数式)加以运算,或根据问题的条件列出方程,然后求出未知数的值。算术也有未知数,其未知数就是问题的答案,运算只允许对已知数进行。

1. 用字母表示数的起源

我们来简单回顾这一字母引入数学的历史过程。随着人们对自然规律认识的深入,要表示数量关系的一般规律,用第一次抽象的数就难以表达了,如乘法交换律"两个数相乘,可以交换它们的位置,乘积不变",若用数来表示这个一般性规律就无能为力了。于是,这必然引起数学史上的第二次抽象,即用字母表示数,如它可以用公式 $a \times b = b \times a$ 来表示。这里字母 a、b 可以是任何数。

那么,字母表示数,是从什么时候开始的呢? 一般认为是1700多年前的古代希腊数学家丢番图在著作《算术》中,首次用符号ς(希腊字母,读西格马,也写作 σ)来表示未知数。到了公元7世纪,印度出了一位才思过人、谦虚持重、德高望重的数学家和天文学家婆罗摩笈多(Brahmagupta,598~660),他创造了一套用颜色的名称来表示未知数的符号。当有一个以上的未知数时,除了第一个未知数外,其余的未知数用各种颜色来表示。我国古代也曾用不同的字分别表示已知数或未知数。例如,南宋数学家李冶在他的数学著作中,在筹式的算筹旁注上"元"字表示未知数,注上"太"字表示已知数。

16世纪90年代法国数学家韦达在积累前人经验的基础上,有意识地、系统地使用字母表示数,创造了用元音字母 a、e、i、o、u 表示未知量,用辅音字母 b、c、d 等表示已知量的方法。1637 年,法国数学家笛卡儿认为韦达的方法不大简洁明快,他采用字母 a、b、c…代表已知数,用字母 x、y、z…代表未知数,初步建立了代数符号系统。1657 年,荷兰数学家胡德(Hudde, J.,1628~1704)首先提出字母也可以表示负数。这样就基本形成了今天对字母的习惯用法。

有了字母表示数,代数学中的代数式、方程就出现了。因此,代数可以理解为"用字母代替数",表明它比算术更普遍适用。

有了字母表示数,数学中的定理、性质、定律、法则、运算律等都能用公式简洁地表达出来了,如面积公式: $S = \pi r^2$,函数关系: $y = kx (k \neq 0)$ 等等。

用字母表示数后,人类摆脱了使用具体数字研究问题的局限,提供了揭示数量关系一般性的可能,有助于人类探索事物的内在规律,是数学发展史上的一个里程碑。

回顾完历史,我们也从小学算术升级到中学代数的水平了。接下来,我们要气定神闲地游览欣赏一下代数中优雅、智慧、影响深远的重要思想。

2. 代数的语言

首先,我们来审视下代数知识。有人认为代数是令很多人头痛不已的科目:复杂的符号、定义、解法混在一起,令人眼花缭乱、无所适从。但是,代数的本质其实是很简单的,所有这些复杂的过程,都只为了两个目的:一是解出未知量,二是对代数式的运算。

解出未知数,类似于破案。未知数就像罪犯,我们的目标是,千方百计地找出罪犯(未知数)。就像侦破工作一样,没有线索是不可能破案的,我们要想办法收集关于罪犯的蛛丝马迹。在代数中,寻找未知数同样也是根据线索进行的。线索的形式主要有两种,一种是等式的形式如 $3x - 2 = 4$;另一种是文字描述的形式(就是应用题啦!我们的很多同学都怕它)。不管线索是什么样的形式,破案的目标都只有一个:就是找出"罪犯"(未知数)。

如果说寻找未知数 x 的过程是破案的过程,那么代数式运算就可以说是艺术和科学的结合,因为一方面,我们要对运算公式有更本质的认识,即着眼于整个算式的变换,而不是一个单一的未知量。因为不管式子中填入怎样的数字,数字之间的关系都仍然成立,这些可以变换的数字,我们称它们为"变量"。变量的引入,正是代数区别于算术的地方。另一方面,对于相对复杂的代数运算问题,我们经常面临着不知用哪些公式和法则才能解决问题的尴尬,这就需要点类似艺术一样的"直觉"和"灵感"了。有时候,代数式所表达的数字之间的关系是和现实世界中的种种现象息息相关的,比如,可以表达自然界中物体的自由落体运动的规律,可以解释天体的运行轨道,可以描述一个种群中某种基因的出现频率等的数学表达式都展现了代数的科学性。

把代数分为两个领域(一是解出未知量,二是代数式的运算)并不是一种严格的分类方法,不过这种分类方法还是相当实用的。接下来我们先举例讨论代数式运算的几个场景。

先来说一个扑克牌游戏,如果学会了你也可以在小伙伴面前炫耀一下。假设我是表演者,你是观众。开始表演时,我先说:"我只靠感觉便可以知道你手里有几张牌,你信吗?"接着手里拿出一副扑克牌说,"你随便拿出一叠,我只要用手捏一捏,就知道它有多少张。"

大家都知道,一张扑克牌的重量是很轻微的,能用手捏出一叠扑克牌的张数,确实很玄乎。因此,你不服气地取过扑克牌后,从中随意拿出了一叠背对着我悄悄地数一数,比如共 43 张,便把数好的扑克给我并让我猜。这时我会说:"别急,请把这叠扑克牌张数的十位数字与个位数字相加。从这叠扑克牌中再取走加得数的和的张数,我才捏。"

你背对着我按照要求算出:两数字和 4+3=7,43-7=36。而后,将剩余的牌交给了我。

我只要捏一捏立即会说:"这叠牌共 36 张。不信,你还可以换个张数再试一试。

想知道原理吗? 提示:运用 9 的倍数性质。

解:因为任何一个自然数减去它各个位数上的数字和,余下的数都是 9 的倍数。在一副扑克牌中 9 的倍数只有 9、18、27、36 或 45。

我根据捏一捏,便很容易地推测出手中牌的张数了。

一个自然数减去它的数字和,为什么余下数一定是 9 的倍数呢?

用数学式子做如下运算:

假设从一叠扑克牌中拿出了 $\overline{xy}$ 张。x 为十位数,y 为个位数,根据规定,可列成下述算式:

$$10x + y - (x + y) = 10x + y - x - y = 10x - x = 9x,$$

最后的余数是 $9x$，表明余数一定是 9 的倍数。

代数就像一种语言，它用最自然的方法描述变量之间的关系。就如上例的问题关键是 9 的倍数，不管开始是多少张，只要进行用一个自然数减它各个位数数字之和的结果就会成为 9 的倍数。因此，想要流利地掌握这种语言并不容易，我们需要一定的练习才能熟练地使用它。为什么呢？ 因为在代数这门语言中，存在着一些遮挡物，它经常蒙蔽我们的双眼，让我们看不清问题的关键和本质。

怎么发现问题的关键呢？ 诀窍就是：把文字语言转化成代数语言。具体步骤是：先把所有的未知量用字母表示好（就是设未知量），再根据问题中的要求翻译出带有未知量和已知量的式子（列代数式），这个时候观察所列式子，就会发现那层遮挡物"不见了"，而计算式子一般都不会太难。听起来是不是没那么神奇？ 我们再来举个例子体验一下。

这是位科学家的有趣故事。一天傍晚，著名法国物理学家安培（André-Narie Ampère，1775～1836），拿着儒勒·凡尔纳（Jules Gabriel Verne，1828～1905）的科幻小说在街头散步。小说中主人公提出的数学问题引起了他的兴趣。

安培一面散步，一面思考着计算方法。忽见前面有块"黑板"，他便从口袋里摸出粉笔头，向"黑板"走去，专心致志地在"黑板"上进行演算。可是题目还没有算完，那"黑板"却向前移动了！

安培的心思只集中在算式上，便也不由自主地跟着"黑板"向前移动。不料，那"黑板"越走越快，安培也加快了脚步，同时迅速地书写着。最后几乎是跑着追那"黑板"，还是被"黑板"抛下了！

此时，只见街上的行人一个个朝着他哈哈大笑。他定睛一看，才恍然大悟，那块会移动的"黑板"，原来是一辆黑色马车的车厢。

儒勒·凡尔纳的科幻小说中什么问题吸引了这位大名鼎鼎的学者呢？ 那题目是：当一个身高 1.7 米的人，绕地球一周时，他的头顶要比他的脚底多跑多少路？

乍一看，应该是大圆周长与小圆周长的差，地球半径不知道，好像不能求解呀！ 当你列出代数式就发现，解这道题，其实并不难。

先设地球半径为 R，足经过的路程是 $2\pi R$，头经过的路程是 $2\pi(R+1.7)$，两者相差（如图 3-2-1）：

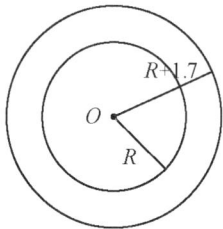

图 3-2-1

$$2\pi(R+1.7)-2\pi R=2\pi R+3.4-2\pi R=3.4\pi$$
$$=3.4\times3.14\approx10.7(\text{米})。$$

"头比脚多走都少米?"的问题本质,就是头比脚多走了以身高为半径的圆周长米。其实这个问题拿到月球、火星上依然成立。

还有一类特殊的式子被称为恒等式。具体如代数课上的因式分解和多项式乘法,那时候,你的研究对象就是恒等式。现在,你在生活中还是可以用到恒等式,你可以用它们来表演一些数学"特技",让你的朋友们对你刮目相看。著名的物理学家理查德·费曼(Richard Phillips Feynman,1918~1988)就曾被这样的"特技"震撼过,他说:

在洛斯阿拉莫斯工作的时候,我发现汉斯·贝特(Hans Bethe,1906~2005)的计算能力非常强。比如说,有一次我们试着把几个数字代入一个等式,当需要计算 48 的平方数是多少时,我立刻伸手去拿计算器,可是汉斯·贝特不假思索地告诉我:"48 的平方数是 2 300。"我半信半疑地按着计算器的按钮,贝特补充说道:"准确地说 48 的平方数是 2 304。"

果然,我按下计算器的等号按钮后,计算器显示的结果是 2 304。我满怀佩服地对贝特说:"哇,你太厉害了!"

贝特回答说:"50 附近数字的平方数算起来是有捷径的,你不知道吗? 你只要先计算 50 的平方数,也就是 2 500,然后算出 50 和你所要计算的数字的差,用这个差乘以 100,再用 2 500 减去这个乘积就可以了。要算 48 的平方数的话,50 减去 48 等于 2,用 2 500 减去 200,得数就是 2 300。但是,这是一个比较粗略的得数。如果你要精确的结果的话,那就再算出 50 和你所要计算的数字的差的平方,与上面的粗略得数相加即是精确得数了。也就是,2 300 加上 2 的平方数 4,最后的结果等于 2 304。"

贝特的速算能力给费曼留下了深刻的印象。但是贝特所解释的话有点啰嗦,如果用数学公式表达那是相当的简洁,即

$$(50+x)^2=2\,500+100x+x^2。 \qquad ①$$

贝特把这个恒等式背了下来,当需要计算 47 的平方数时,他只要将 $x=-3$ 代入

上述恒等式就可以得到答案。

有人说这个公式太抽象了,我理解不好,那我们不妨借助图像(如图 3-2-2)的帮助来说明它。

我们拿一块正方形的纸片,纸片的边长是 $50+x$。显然,这块正方形纸片的面积就是 $(50+x)^2$,我们知道这块纸片的面积是由一个边长为 50 的正方形区域(其面积为 2500);还有两个一样的面积为 $50x$ 的长方形,合在一起的面积就是 $100x$;最后,还剩一个边长为 x 的小正方形(其面积为 x^2),这样相信大家都明白等式① 为什么成立了。

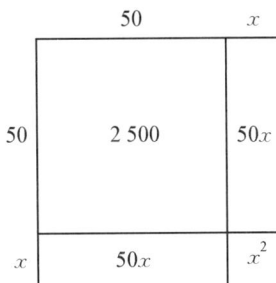

图 3-2-2

恒等式表现出数字之间的关系,对普通人也很有用。比如,最近两年房产投资比较流行,但过高的房价抑制了消费,政府去年打压房价很成功,房价走低,而你家的房产价格也缩水了 20%,今年由于新冠疫情导致没有好的投资渠道,房产价格又开始反弹,你家房子的价格也跟着涨了 20%,那么这两年你家房价是涨了还是跌了呢? 答案是,虽然今年房市反弹,但最终你的房子价格和两年前的初始价值相比仍然赔掉了 4%。为什么呢? 原因在于,第一年房价跌了 20%,年末价值是初始值乘以 0.8。第二年房价又涨了 20%,所以第二年年末的最终价值等于第一年年末价值乘以 1.2。最终,你的房产价值是初始值乘以 0.8,再乘以 1.2,也就是初始值的 0.96。所以说,你仍然赔掉了原价的 4%。

如果你看清这个问题的本质,无论是投资还是买卖东西,只要在两个相邻的年份中一赔一赚(或一涨一跌),那么不管你是先赔再赚还是先赚再赔,只要赚和赔的比率数值一样,最后算算净值你一定是赔钱的。因为我们可以把这个问题翻译成一个代数恒等式:

$$(1-x)(1+x)=1-x^2。$$

我们也可以把它看成销售问题,在淡季促销时,你把商品降价到了原值的 $1-x$(在上文中,$x=0.2$);然后在旺季销售时,你又把商品涨价到了原值的 $1+x$。所以,一个销售周期过去后,你的商品总值变成了原来的 $(1-x)(1+x)$,也就是变成原值

的 $1-x^2$。

重点是,只要 x 的值不是 0,那么 $1-x^2$ 的值永远是小于 1 的。所以在上述情况下(一赔一赚或一赚一赔,赚和赔的比率数值一样),你就无法完全挽回损失,而且这一结果还有比率越高最后损失的越多的特点。

显然,上述式子是一个比较简单的例子。事实上,各种变量之间的关系千变万化,很多反映现实世界规律的数学式子会比上面的例子复杂得多。然而,代数的魅力是如此之大,喜欢钻研的人们经常通过现实世界中已知的事物之间关系,通过数学抽象,推导出未知事物之间的关系。在自然科学领域这一做法尤为突出,当推导的结果让人们感到意外和不可思议时,请不要急于否定结果,只要数学推导过程没有问题,结果的正确性是一定的,只是人们还没有发现。如果你掌握了它你就可以将其看作是神的信使,用数学式子告诉人们即将发生结果。

我们还有什么理由不好好学习它呢?

3.3 方程——代数的疑问句

上一节我们欣赏了运用代数式运算的思想。这节我们来探寻方程的踪迹。波斯的大诗人兼数学家奥马尔·海亚姆(Omar Khayyam,约 1048~1123)曾说:"代数学的任务就是解方程。"现在看来这话并不完全准确。今天的代数学者除了解方程之外,还有许多其他任务。但是解方程依然是代数学重要的任务之一。

如果把恒等式当成叙述句,那么方程就好比疑问句。例如"3 的 2 倍加 4 等于 10"相当于叙述句,可书写为 $2\times3+4=10$,现把式中的 3 隐藏起来,变成"什么数的 2 倍加 4 等于 10?"这种疑问句就相当于方程。如将"什么数"用 x 来表示则有 $2x+4=10$。准确地说方程就是含有未知数的等式。

现在来看在天平上用砝码称鸭蛋的情形(如图 3-3-1)。

图 3-3-1

当天平平衡时,设每个砝码的重量为 90 克,问 1 个鸭蛋有多重? 如果用式子来表示,设 1 个鸭蛋的重量为 x,则有

$$2x + 90 = x + 180。 \qquad\qquad ①$$

我们的目的是求 x 的值。由于等式两边均有 x,为便于考虑,鸭蛋重量相同,希望 x 仅集中于一边。

为此可将右边的鸭蛋拿走,为保持天平的平衡,应再拿走左边的一个鸭蛋。

$$2x - x + 90 = x - x + 180, \qquad\qquad ②$$

化简上式的等式右边,得:

$$2x - x + 90 = 180。 \qquad\qquad ③$$

你发现③式相当于把①右边的 x 移到了左边后,并且改变了符号。

这样还不够,因为左边还有一个砝码是多余的。为了能拿掉这个砝码,现从左、右两边各取走一个砝码。即

$$x + 90 - 90 = 180 - 90,$$

化简,得

$$x = 180 - 90, \qquad\qquad ④$$

$$x = 90。$$

由①→③、③→④的式子可见,方程两边的项,可以从一边移到另一边,移完之后符号要改变。这个动作我们叫它"移项",规律简单总结为:"移项要变号"。

移项是方程变换中最重要的规律。"al-jabr"本意就是"移项"的意思,这个"al-jabr"就是定义了代数学(algebra)的语源。所以"代数学"即所谓"移项术"。

1. 鸡兔同笼问题

很多人认为数学想要考高分,就要通过题海战术不断训练。想掌握数学知识,一定量的训练题肯定是要的,而且经过大量训练的同学数学成绩一般还不错,但是这样

的方法有一个死穴,就是题目稍微改变可能又不会了;而有些人,做题不多,成绩却很好,这其中的诀窍在哪里呢?

我们先从一个大家最熟悉的鸡兔同笼问题讲起,这是现在小学生都要学习解决的数学题,它讲起来并不复杂,但是对于智力还在发育中的小学生,多少有点费劲。今天很多老师把做法教给学生们,大家长大后基本上也忘了,所以这样学数学主要是为了应付考试。

鸡兔同笼这个问题是这样说的:

在一个笼子里有鸡和兔子,从上面数,数出来 35 个头,从下面数,数出来 94 只脚,请问鸡和兔子各有几只?

这个问题最初出现在中国南北朝时期的《孙子算经》。《孙子算经》给了一个不算太好理解的解法,它是这么说的:

1. 将所有动物的脚数除以 2,也就是 $\frac{94}{2}=47$。 每只鸡有一对脚,兔子有两对脚。

2. 假设所有的动物都是鸡的话,就应该有 35 对脚,但事实上有 47 对脚。

3. 如果将一只鸡换成一只兔子,用 $47-35=12$,说明有 12 只兔子。

4. 鸡的数目为 $35-12=23$ 只。

上述方法是《孙子算经》里给的算法,它不缺乏巧妙性,但是不直观。结果导致无法让人举一反三,因为这个方法只针对一些特定的问题有效。比如把问题改为:

假如有若干辆三轮车和四轮汽车,一共有 19 辆,有 70 个轮子,请问有多少辆汽车,多少辆三轮车?

这个问题就无法用上面的方法解决。因为无论先把车辆的轮子数除以 3,或者除以 4,都不可以,因为 70 既不能被 3 整除,也不能被 4 整除。

这道题再用上一题的方法就不灵了。古代算术书给出的一般都是具体问题的解法,而不是一套通用方法,遇到新问题就又犯难了。

今天小学里教的方法在通用性方面要比古代的方法好了不少。通常学校里会这么教:

1. 我们假定笼子里全是鸡,那么应该有 $35\times2=70$ 条腿。

2. 但是现在有了 94 条腿,多出 24 条,就应该是由四条腿的兔子造成的。

3. 每个兔子比鸡多两条腿,多 24 条,就有 $\frac{24}{2}=12$ 只兔子。

4. 于是就有 12 只兔子,剩下的就有 35－12＝23 只鸡。

这个方法除了解决这个题还能解决上面的汽车和三轮车的问题,具体做法如下(你可以自己先算一下,再看答案):

1. 我们假定都是三轮车,那么应该有 19×3＝57 个轮子。

2. 现在有了 70 个轮子,多出了 13 个,它们应该是汽车造成的。

3. 如果用一辆汽车比一辆三轮车多出 1 个轮子。

4. 现在多出了 13 个轮子,因此应该有 13 辆汽车,自然有 19－13＝6 辆三轮车。

在学校里认真学习的同学,把学校的方法学会,是能做出汽车和三轮车问题的。依然也会有一些同学不会做,因为他们只是记住了鸡兔同笼算法,换个数就不会了。

根据题海战术,要想考高分,除了会做鸡兔同笼问题,还要把汽车轮子问题做一遍,再把其他相似的题目也做了,学习就很辛苦。但是即使能够解决上述两类问题,大部分人也还是不能解决所有这类问题,比如再出一个题:

超市里卖盒装的鸭蛋和鸡蛋,鸭蛋 3 个一盒,每盒 5 元,鸡蛋 5 个一盒,每盒 3 元,小红花了 16 元,买了 16 个蛋,问鸭蛋和鸡蛋各几盒?

这个问题其实是鸡兔同笼问题的变种,但是用上面改进的鸡兔同笼的解法也不管用。对于这个问题,有兴趣的同学可以自己试着算一算,前提是不要用方程。

2. 一元一次方程

能不能针对所有上述问题,提供一个寻找答案的思路呢? 既然是寻找通解通法,方法当然要简单可操作,从历史上人类解决复杂问题的通用方法来看,都是把复杂问题分解成很多简单问题,之后依次解决简单问题。这也是学生在解决复杂问题或难题的诀窍!

首先,最简单的笨办法就是把可能的情况都一一列出,找到那个符合的就是答案。比如鸡兔同笼问题,就可以用穷举法找到答案。但是办法虽然笨,起码也要知道从哪开始才有可能。因为总共 94 条腿,如果都是兔子也不会超过 $\frac{94}{4}=23.5$ 只,所以兔子的个数从 23 开始往下减,鸡的数量从 $35-23=12$ 只开始往上加,然后就列一张表(如表 3-3-1),看看脚的数量哪个符合题中给的 94 只,哪个就是答案。

表 3-3-1

兔子的数量	…	23	22	21	20	…	13	12
鸡的数量	…	12	13	14	15	…	22	23
脚的数量	…	116	114	112	110	…	96	94

这里假设 94 条都是鸡腿是不可能的,那样就有 $\frac{94}{2}=47>35$,不合题意了。

从上面表中可以看出,最后一列的 12 只兔子,23 只鸡,即为答案。

这是一种原始的、一步一步纠正错误的办法,也可以叫试错误法。虽然用这种方法解题是可行的,但因太原始,如果给出的数字庞大的话,要画出这张表就太费事了。例如,鸡兔合计 1 000 只,共有 2 820 条腿,解答的工作量可想而知!

但是,如果你再做其他相似的问题时,就可以从上述过程中受到启发,比如把这个方法用在买蛋的问题上(如表 3-3-2):

表 3-3-2

鸭蛋	9	6	3
鸡蛋	不可能	10	不可能
价格		16	

事实上,只要是有整数解的类似这样问题,都可以用列表这种笨办法解决。也就是说,这里边蕴含着一个通用的办法:假设知道了其中一个未知量的值,再根据关系凑出其他量,如果符合题意就完成解答了。

那么我们可以改进这个办法,假设这个未知量为 x,再根据问题中的要求列出式子,只是这个式子中有未知量。比如还是鸡兔同笼问题,假设有 x 只鸡,则可知必有 $(35-x)$ 只兔,它们就有 $2x+4(35-x)$ 条腿,又因为题中已知共 94 条腿,所以

$$2x+4(35-x)=94。$$

这个过程就像侦探推理,当侦探在复杂的犯罪现场找不到线索时,假设嫌犯是 x,

推理 x 会在现场留下什么样的罪证,如果现场有这样的罪证,就说明 x 是罪犯。接下来只要抓捕 x 就行了。我们把这个"分析案情锁定嫌犯"的过程叫列方程,把"抓捕嫌犯"的过程叫解方程。现在你知道为什么有些人非常痴迷数学了吧,那就是在破案呢!

当然现实的侦破案件过程可比解方程复杂多了,一般都要先锁定很多个嫌疑人,然后再一个一个排除。而我们列方程一般不会有这种担心。

现在大家体会到列方程的威力了吧,只要把需要求的量设出来,接着把文字语言翻译成数学语言就完成了列方程。

刚才我们列的方程中只含有一个未知数,而且未知数的最高次数是一次,这样的方程叫一元一次方程。解它只需运用等式基本性质,可得 $x=23$,则 $35-x=12$,得出鸡 23 只,兔 12 只。

3. 多元一次方程组

现在我们再试试用方程的方法解决买蛋问题。回顾一下题目:

超市里卖盒装的鸭蛋和鸡蛋,鸭蛋 3 个一盒,每盒 5 元,鸡蛋 5 个一盒,每盒 3 元,小红花了 16 元,买了 16 个蛋,问鸭蛋和鸡蛋各几盒?

你会发现假设鸭蛋 x 盒,那如何表示鸡蛋多少盒?如果我通过用 $\frac{16-5x}{3}$ 表示,这个表达不够直接,有可能部分同学就在这儿卡壳了,相当于又回到了算术的方法,怎么办?

想想方程的思想是什么?就是把不好求的量设出来,对于上面的问题我们不妨再设一个未知量,设鸡蛋 y 盒。好家伙,这相当于嫌疑人是多个,你是不是担心团伙作案太复杂,不用担心,我们平时做的题目都是老师设计好的,一定让你做的出来的!有两个嫌犯就一定给你两条线索,比如这个问题的两条线索:一条是鸭蛋+鸡蛋共有 16 个,另一条是鸭蛋+鸡蛋共花 16 元,即

$$\begin{cases} 3x + 5y = 16, & ① \\ 5x + 3y = 16。 & ② \end{cases}$$

通过①+②可得 $x+y=4$,所以 $y=4-x$ ③,把③代入①得 $x=2$,把 $x=2$ 代入

③或②的 $y=2$，即 $\begin{cases} x=2, \\ y=2。 \end{cases}$

如果还不过瘾，就让我们再来构思一下有 3 个嫌犯的推理小说情形。

例如，计算狗、麻雀和蜻蜓的问题（请原谅我匮乏的想象力）。设它们一共有 9 只，腿共有 38 条。嗯，仅有两个条件，却有三个未知数是不可能使问题获解的。必须还要有一个条件，加一个翅膀的数目共有 22 个。问：狗、麻雀和蜻蜓各有几只？

设狗、麻雀、蜻蜓的数目分别为 x、y、z，由题意，方程组为

$$\begin{cases} x+y+z=9, & ① \\ 4x+2y+6z=38, & ② \\ 2y+4z=22。 & ③ \end{cases}$$

可以先用②－4×①消去 x，得 $2z-2y=2$④，将③＋④得 $z=4$，代入③得 $y=3$，最后把 $z=4$，$y=3$ 代入①得 $x=2$，即

$$\begin{cases} x=2, \\ y=3, \\ z=4。 \end{cases}$$

历史上的数学家们也是学无止境的那种人，他们没有停在 3 个未知数上。当未知数更多时，就产生了应如何解联立方程组的问题，这样就出现了矩阵和行列式（高中才学得到）。

通过前面几个例子的对比，同一问题用算术解和用代数解，哪个优哪个劣，就很清楚了。牛顿曾这样来形容二者的不同："在算术中是按由给定量求待求量的步骤去解算术问题，而代数则正相反，即好像是已经知道了待求量似的，从待求量出发推求其与已知量的关系。按这种步骤来解决问题，列出了方程，就可由此求出未知量，这是代数的优点，并且还可用代数解决那些用算术很难解的问题。"

说到用算术很难解的问题，我眼前就浮现出部分同学不屑的表情，可能是因为用算术法习惯了，很难说服他们用方程，那么就请这样的同学用算术法解答下面的问题吧！

"有个商人,每年花掉 10 万元生活费,年底还能使财产增加到年初的 $\frac{1}{3}$。这样下去,3 年后其财产增加到开始的 2 倍。问开始时其财产有多少?"

有兴趣的同学可以自己先做一做,尤其试一试用算术法怎么做?

把上题的文字语言翻译成代数语言,列成对照表 3-3-3 如下:

表 3-3-3

文字表达	代数语言表达
商人所有的财产(万元)	x
生活费用去 10 万元	$x-10$
增加 $\frac{1}{3}$ 财产后	$x-10+\dfrac{x-10}{3}=\dfrac{4x-40}{3}$
生活费用去 10 万元	$\dfrac{4x-40}{3}-10=\dfrac{4x-70}{3}$
增加 $\frac{1}{3}$ 财产后	$\dfrac{4x-70}{3}+\dfrac{4x-70}{9}=\dfrac{16x-280}{9}$
生活费用去 10 万元	$\dfrac{16x-280}{9}-10=\dfrac{16x-370}{9}$
增加 $\frac{1}{3}$ 财产后	$\dfrac{16x-370}{9}+\dfrac{16x-370}{27}=\dfrac{64x-1480}{27}$
它应等于最初财产的 2 倍	$\dfrac{64x-1480}{27}=2x$

表 3-3-3 中的一步一步说明,可用一个式来表示:

$$\frac{4}{3}\left\{\frac{4}{3}\left[\frac{4}{3}(x-10)-10\right]-10\right\}=2x。$$

这个式子无论如何,非用"灵活的"代数不可了。在代数中去括号、移项、合并同类项等都可方便地按部就班进行,而在算术中则非常困难。

现在总结下今天的收获:方程是一个非常强大的解题工具,它可以让我们脑子想不清的很多数学问题变得非常直观、简单。这种工具有一整套合乎逻辑的方法,只要通过一个问题掌握这个解法,就能把成千上万的问题解决掉。这才是学习数学的正道,而不是机械地做题。

那么如何把形形色色的题目抽象成同一类题目呢?这就涉及做数学应用题的关键,就是要把文字语言翻译成数学语言,比如列出方程。

人的作用其实相当于一种翻译器,做练习题就是练习翻译,只要现实世界的问题变成了数学的问题,就能用现成的工具解决它们。

学习数学,其实关键不在于刷多少道题,而是在于理解它们中工具的作用,然后学会把各种场景的问题翻译成数学语言,剩下的就交给工具吧!

当我们掌握了中学的一些数学工具后,小学的各种数学难题就变得非常容易。当我们掌握了微积分这个工具后,很多中学的数学难题就不值一提了。我们常说,工欲善其事,必先利其器,这就是说明了工具的力量。

如果一场战争中一方个个是武林高手(不加玄幻特效),手拿大刀长矛;另一方是会用机枪、坦克等现代武器的士兵,你觉得谁会赢得战争?

数学就是你手中的机枪、坦克,甚至是核武器!

3.4 根号的由来

今天通用的根号"$\sqrt{}$"是一个十分简洁、美丽的记号,它是经过了许许多多数学家们一笔笔、一画画,经过十几个世纪的改进、演化,才成为现在的样子,它可以称得上是巧夺天工的艺术珍品。

在数学的发展史上,根号出现得很早。在古埃及卡洪的两本纸草书上也曾有方根的身影,他们用"$\sqsubset$"表示,在七世纪的印度,数学家婆罗摩笈多用"C"表示平方根,"C"为 carani(平方根)的第一个字母,但到了中世纪,印度人又用"kapaha"一词中的"ka"来表示,但不表示负根,阿拉伯也曾用 $\overline{\overline{48}}$ 来表示 $\sqrt{48}$[1]。虽然根号的样貌层出不穷,数学家所用的符号也是千变万化,但是最具代表性且影响较为深远的当属"l、R、$\sqrt{}$"这三个符号。

首先登场的是"l",公元 2 世纪,罗马学者尼普萨斯(Junius Nipsus)曾引进拉丁语 latus(正方形的边)来作为平方根的符号。而皮特·拉姆斯(Peter Ramus,1515~

1572)似乎与斐波那契有着相同的思考方法,他使用了 latus 的首字母"l"作为开根号的符号,后来,由于"l"作为根式符号并没有广泛地流行开来,而且随着对数的产生,"l"被拿去用作了对数符号。

其次,再说说用"℞"表示方根的历史。这个符号是从 radix 头尾两个字母"r"和"x"合并而来的。1202 年,意大利著名数学家斐波拉契(Fibonacci,1175~1250)编著《算盘书》《实用几何》等书,对印度—阿拉伯符号进行了详尽叙述,推动这些数字引入欧洲[2]。在书中,他选取 radix 的首字母加一点的形式,组成符号"℞"用来表示未知量 x 的一次方,同时表示平方根。1489 年,维德曼(Johann Widman)则在使用℞作为方根符号的同时,也使用省略词"ra";1562 年,佩雷斯·莫(J. PcrezdeMoya)《Arimcticapracticay》在其著作《Arimeticapracticay speculativa》中还使用字母"r"来表示平方根,"rrr"表示立方根,"rr"表示四次方根。

斐波拉契所创造的根号"℞"对后来的数学家们的影响是巨大的,对它的使用也曾热闹一时,作为方根的符号,它也通行了好几百年。但是再后来,由于根号"√"的出现,且其优势也越来越突出,用"℞"来表示平方根的方式逐渐被取代,成为了文献中的记载。

最后,就要说到用"√"表示方根的历史,1525 年,波兰奥地利数学家鲁多尔夫(Christon Rudolf)在他题为《未知数》的一本欧洲流行代数书中创作符号"√"表示平方根,同时他还引入了立方根符号"ⱽⱽ√",四次方根符号"ⱽ√",由于鲁多尔夫的符号相比之下有着巨大的优越性,因而于 16、17 世纪很快地在德国、法国、意大利、英国以及西班牙等地流传开来。但是,我们不得不承认,这一符号其实也存在着明显的缺陷,如果被开方的是一个多项式或多重根式,那么符号的意义便不好区分,因而继续改进符号就显得十分必要。

比如,荷兰人斯蒂文(S. Stevin,1548~1620)与远隔千山万水的路多尔夫的想法就很接近,他们创用的记号略有不同,但都朝着当今通用的根号方向前进。斯蒂文在《常用算术记号一览表》中,创用"√③"表示立方根;"√④"表示 4 次方根等等。

总之,正值文艺复兴的欧洲科学文化发展迅猛,数学家不仅创立新数学分支,而且在创用数学符号方面大显神通诞生了许多数学符号,根号在路多尔夫和斯蒂文共同埋下的种子后,终于要破土而出了。

1637 年,笛卡儿在他出版的《方法论》的第 299 页写到:"如果我想求 $a^2 - b^2$ 的平方根,就写做 $\sqrt{a^2-b^2}$,如果想求 $a^2 - b^2 + abb$ 的立方根,则写作 $\sqrt{C. a^2 - b^2 + abb}$ 。"他把"$\sqrt{}$"加了一条横线"—",这一结合便形成如今所使用的根式符号"$\sqrt{}$"。简单优美的"$\sqrt{}$"在笛卡儿的妙笔下诞生了,笛卡儿用"$\sqrt{}$"表示平方根;并且他在根号后面插进一个字 C 来表示立方根。

最后由笛卡儿亲手组装又别具一格的记号"$\sqrt{}$"是凝聚着无数数学前辈的心血,非常简洁精炼,最终被人接受,成了国际通用的平方根号,然而立方根符号"$\sqrt{C}$",没有平方根简洁,后来夭折,被"$\sqrt[3]{}$"所代替了。

根号经过几代数学家不断尝试,才对比出"$\sqrt{}$"作为开方符号的优越性,也只有通过比较筛选,才可以留下最好、最合适的。之后随着立方根符号,多次方根符号的相继问世,通用的根式形式日臻完善,渐渐地在世界上流传开来,通用至今。

3.5 无理数与第一次数学危机

1. 毕达哥拉斯学派

公元前 700 至前 300 年,古希腊出现了以雅典为中心的一个欧洲文化高峰。一方面,由于雅典城邦实行男性奴隶主民主统治,他们往往需要用理由说服对方,于是学术上的辩论风气较浓。坚持的是真理,就需要证明。另一方面,由于信奉多种宗教,人们思想自由,可以充分发挥想象力,有助于科学和哲学(包含数学)从宗教神学中分离出来。

古希腊人的学术辩论活动都由一批学者在一两位杰出人物的领导下进行,这类组织被称为学派。因此古希腊人的治学,讲求学派,一时学派林立,百花齐放,各学派有各自的风格。

毕达哥拉斯(Pythagoras,约公约前 580～约公元前 500)出生在爱琴海中的萨摩斯岛(今希腊东部小岛)的贵族家庭,年轻的时候聪明好学,向往东方智慧,游历了巴比伦和印度,吸收了美索不达米亚文明和印度文明的文化;学习几何学、自然科学和哲学。为了传授数学及宣传他的哲学思想,60 岁左右时他在意大利的南部港口城市克罗托内和他的信徒们组成了一个政治、科学和宗教三位一体的"友谊联盟"(又说是学校),教授哲学(含数学)和自然科学,教法独特口授师传,不允许做任何记录。盟里有 300多名男女成员。毕氏在学派内威望很高,红极一时,古希腊银币上曾铸有他的头像。学派有铁一般的纪律,保守的清规戒律很多,带有浓厚的宗教色彩。在这里男女平等,财产归公,他们相信:"依靠数学可使灵魂升华,通过数学能窥探神的思想,万物都是数,数才是万物变化的本质。"谁违反了"教规",谁就要受到惩罚,这就是毕达哥拉斯学派。

　　毕氏学派所说的数仅指整数和分数,他们把学问分为四类:算术(数的绝对理论)、音乐(数的应用)、几何(静止的量)和天文(运动的量)。毕氏死后,这个学派继续活跃了 100 多年,后来人们才知道他们在数学等领域所作出的贡献。

2. 希帕索斯其人

　　毕氏学派有一个勤学好问、爱动脑筋的青年名叫希帕索斯(Hippausus,约公元前500)。一次,一个朋友问希帕索斯:"1 和 2 这两个数的比例中项是多少?"他想了半天,答不出来。顽强的希帕索斯想,据比例中项概念,若设 1 和 2 的比例中项是 x,则$1 : x = x : 2$,得出 $x^2 = 2$。他逐个验算,竟找不到 x 是整数还是分数,他反复推敲、思考后逐渐发现这个问题与毕达哥拉斯定理 $c^2 = a^2 + b^2$,当 $a = b = 1$ 时,$c^2 = 2$(c 是等腰直角三角形的斜边)是同一个问题! 也就是说如果这个问题解决不了,就意味着老师的定理是有问题的! 他一下子感觉到问题的严重性,开始全力投入这个问题的研究当中,他画呀、算呀,最终把问题和正方形联系了起来,因边长为 1 的正方形的对角线的长也是 1 和 2 的比例中项,即 $x^2 = 2$。故他把朋友的问题转化为求此正方形对角线长x。对角线长 x 是一个确定的数,他果断地说不是整数,因 $1^2 = 1$, $2^2 = 4$,要使 $x^2 = 2$成立,则 x 一定是一个比 1 大而比 2 小的数。按老师的"比例论",不是整数,必是分数,但希帕索斯找不出这个分数来。其实这个数 x 就是我们后人所说的无理数(或不可通约量)。$\sqrt{2} = 1.414\cdots$ 又有一个美丽的传说:"希帕索斯身高 1.41 米,体重恰为 141

磅,这些生理指标暗示他是$\sqrt{2}$的化身。"传说不可信,因无从考证,仅作趣闻。话说希帕索斯发现无理数的思考,在联盟内引起了激烈争论,多数门徒盲目忠于"先生的决定高于一切"和"比例论"的尊严,都矢口否认x是一个数。但有少数人支持希帕索斯,认为正方形对角线与它边长的比不是两个整数之比,而是一个人们还未认识的新数。

3. 严重的后果

毕达哥拉斯学派坚定地认为世界上只存在整数和分数(整数和分数统称有理数),除此以外,没有别的什么数了,但他的得意门生希伯索斯发现了惊人的事实:当一个正方形的边长是1的时候,对角线的长m等于多少?它既不是整数,也不是分数!毕达哥拉斯和他的门徒费了九牛二虎之力,也不知道这个m究竟是什么数。希帕索斯的这一发现,像晴天霹雳,一下子把毕氏井然有序的数的王国搞乱了,动摇了毕氏"万物皆数"的哲学基础和"比例论"的思想基础。以毕氏为首的保守派惶恐不安,生怕泄密,一面封锁一面对希帕索斯威胁利诱,不准他说真话。希氏不畏强暴和个人安危,为了坚持真理,他向外界说出了发现无理数的事实。讯息的传出,引起了数学史上的第一次数学危机。

老师毕达哥拉斯听说了这件事情,气得火冒三丈。他认为这个新的数是"天外来客"。原来,前辈学者认为:几何图形是由某种不能分割的原子组成的。按照这种理论,任何两条线段的比就是它们原子数目的比。因而,毕达哥拉斯断言:任何两条线段的比都可用两个整数比来表示(这也是有理数又叫"可以写成比的数"的来源)。希伯索斯研究的结果无疑是胆大包天,犯上作乱,对于神圣的权威来说,这是一种亵渎。毕达哥拉斯恼羞成怒,下令把希帕索斯抓来活埋。

希帕索斯听说后心惊胆颤,连夜逃走。乘着夜色,他一边逃一边想:这个地方已经没法呆了,还是逃到海外去吧。虽然他在毕达哥拉斯老师那儿学到许多东西,而且心存留恋,但眼下这处境已经不容他继续跟随老师学习知识了。要逃就逃得远一点,他毅然朝地中海的方向跑去。

希帕索斯上了一条船。虽有些小波浪,还勉强可以航行。希帕索斯最最担心的事情却是后面的追兵。要是毕达哥拉斯发现他逃跑,一定会派人追来。不幸的是,希帕索斯的担心果然成了现实。毕达哥拉斯派人追赶他的，正是他的对头克迪拉。他明白自己寡不敌众，在劫难逃了。最后，希帕索斯被毕达哥拉斯学派的人掷进了大海。

4. 无理数的诞生

希帕索斯就这样冤屈地死在地中海里，可是，他首先提出的无理数并没有永远沉入地中海，也没有永远地"无理"下去。后来人们终于认识到了无理数的的确确是存在的。无理数应有地位的确立，对以后的数学发展起到了极大的推动作用。

无理数发现之后，人们扩大了对数的认识。虽然有理数的个数是无穷无尽的，但是仍然不能包括所有的一切数。在相邻的两个有理数之间，一定还有许多无理数。有理数加上无理数，才能组成完整的连续不断的实数。

希帕索斯的死换来了数学王国的大发展。数扩充到实数。但受保守派影响，当时这个新数取名为"无理数"，对应"有理数"来说，好像是"无理"的意思。这个在历史上被遗留下来的名称，包含了发现无理数时生死搏斗的痕迹。显然，希帕索斯为了科学求真，具有反抗精神。他发现无理数后，后人称颂他是"科学的星座"。"历史证明了真理的胜利，在神奇的数学王国的宫墙上，永远铭刻着希帕索斯的名字。"

毕氏弟子的发现，第一次向人们揭示了有理数的缺陷，证明它不能同连续的无限直线同等看待，有理数没有布满数轴上的点，在数轴上存在着不能用有理数表示的"空隙"。而这种"空隙"经后人证明简直多得"不可胜数"。于是，古希腊人把有理数视为连续衔接的那种"算术连续统"的设想彻底地破灭了。这一事件被称为数学史上的第一次危机对以后两千多年数学的发展产生了深远的影响，促使人们从依靠直觉、经验而转向依靠证明，推动了公理几何学与逻辑学的发展。

15 世纪意大利著名画家达·芬奇称之为"无理的数"，17 世纪德国天文学家开普勒称之为"不可名状"的数。然而，真理毕竟是淹没不了的。毕氏学派抹杀真理才是"无理"。人们为了纪念希帕索斯这位为真理而献身的可敬的学者，就把不可通约的量取名为"无理数"——这便是无理数的由来。

有了无理数，人们才能量出许多线段的确切长度；才能算出许多图形的确切面积，比如半径为 1 的圆，它的面积就是个无理数 π。无理数的发现推进了方程的研究。比

如方程 $x^2-3=0$，在有理数范围内是没有解的，它的两个根都是无理数，$x=\sqrt{3}$，$x=-\sqrt{3}$。无理数比有理数要多得多，这里涉及无穷集合的比较方法，感兴趣的同学可以深入研究。在中学数学课中，由开方得到的数、三角函数值、对数值等等，其中很大一部分都是无理数。还有许多无理数，等你们进了大学才学得到。

在古希腊毕达哥拉斯所处的时代，人们认识到的数学上的数字都是有理数，它们都有我们平时所说的分数，$\dfrac{a}{b}$ 这样的形式，比如 $\dfrac{1}{2}$，其中 a 和 b 都是整数，当然，整数本身可以被看成分母等于 1 的分数，比如 $3=\dfrac{3}{1}$。

毕达哥拉斯有一个很怪的想法，他坚信世界的本源是数字，而数字必须是完美的。整数很完美，而且分数的分子分母也都是整数，不会是零碎的，因此也很完美，整数和分数所构成的有理数让毕达哥拉斯一直坚信自己的想法。

但是，毕达哥拉斯定理被他证明以后，麻烦就来了。

我们上一讲讲过，数学的定理具有永真的特点，它一旦被证明，你就找不到反例。当人们在用毕达哥拉斯定理时，就发现了问题。假设某一个直角三角形的两条直角边长都是 1，那么斜边该是多少呢？

你可以根据毕达哥拉斯定理算一下，既然两条直角边都是 1，它们各自的平方也是 1，加起来是 2，因此斜边的平方是 2，这个斜边就是一个自己乘以自己等于 2 的数字，从大小来看，它应该在 1 和 2 之间。接下来请问，这个自己乘以自己等于 2 的数字是否是"完美"的有理数？

根据毕达哥拉斯对所有的数字都是有理数的认识，它必须是啊！好，我们就假定存在一个数字是 p，它能够写成 $p=\dfrac{a}{b}$ 的形式，其中 a、b 都是互素的整数（互素指的是两个数写成分数的形式，不可再约分），那么现在假设这个数字 p 的平方恰好等于 2。注意一下，这里面有三个条件，请一定牢记：

1. a、b 都是整数。

2. a、b 互素，也就是不能再约分了。

3. $\dfrac{a}{b}$ 的平方等于 2。

这三个条件能否同时满足呢？答案是不能。为了说明这一点，大家不妨跟着我做一个简单的逻辑训练。

好，这次我们用的方法，在数学上被称为反证法，就是先假定你说的条件都满足，然后我来找出矛盾之处，这样就能推翻原来的假设。

具体到上面这个问题，我们从上面第三个条件出发，就得知分子 a 的平方除以分母 b 的平方等于 2：$\dfrac{a^2}{b^2}=2$。我们通过两边同乘以 b^2，把 b 的平方移到等式的右边，就是 $a^2=2b^2$。

接下来请问，a 是奇数还是偶数？它当然是偶数，因为等式的右边是 2 乘以 b 的平方，都乘以 2 了，那 a 的平方结果肯定是偶数，奇数的平方不可能是偶数，所以 a 必须是偶数啊。既然 a 是偶数，我可以把 a 写成 2 乘以一个数，比如 c，也就是 $a=2c$ 这种形式，其中 c 是一个整数。

那么 a 的平方等于什么呢，等于 4 倍的 c 的平方，我就用这个 4 倍的 c 的平方代替 a 的平方，放在原来等式的左边，右边还是 2 乘以 b 的平方：$4c^2=2b^2$。这个等式的两边都可以用 2 去同时除一下，于是就成了两倍的 c 的平方等于 b 的平方：$2c^2=b^2$。

这时请问，b 是偶数还是奇数？当然还是偶数，因为两倍的 c 的平方是偶数啊。

这下子问题来了，怎么 a 和 b 都是偶数呢，这不就和上面的第二个条件，也就是"a、b 互素，不能再约分"矛盾了吗？

那么到底哪里发生了错误呢？我们先要检查一下我们的推导过程，我们发现没有错误。因此，要么是数学错了，要么是认知错了。勾股定理的证明是通过严格的逻辑推导出来的，也不会有错，于是只能是我们的认知错了。

也就是说，存在一种数字，我们过去没有认识到，它们无法写成有理数的形式，即 $\dfrac{a}{b}$，它们是无限的不循环小数，在这样的数中有一个自己乘以自己时等于 2。我们今天把这个数字称为 $\sqrt{2}$。

从这个例子中，我们能学到什么呢？

首先，在遇到数学和现实的矛盾时，我们需要仔细检查推理的过程是否有疏漏，这种情况占大多数。

在排除了推导的错误后，接下来，两种情况必居其一：

要么，我们的眼睛或认知欺骗了我们，就如同我们以为所有的数都是有理数，但其实不是。这是常有的事情。

要么，最初的假设错了或者说不够好。这种事情在历史上偶尔发生过，但是很少，比如在介绍非欧几何时讲到过这种情况。

既然在推导没有错误时，通常是我们的观察或者认知欺骗了我们，那么就应该把危机看成是转机。人类在科技历史上，很多重大的发明发现恰恰来自上述的矛盾。

在数学史上，除了无理数被发现之外，几个重大的事件，比如无穷小概念的提出，对无穷大的重新认识，以及公理化集合论的确立，都和那些矛盾有关。这些矛盾有时看似造成了数学危机，但是，人们化解了危机之后，就拓展了认知，建立起新的理论。它们或者让数学本身进步了，或者在科学上做出重大的预言。

多年前约翰·霍普金斯大学的天体物理学家亚当·里斯（Adam Riess，1969～　）教授回忆发现暗能量的过程，至今记忆犹深，他让我坚信了对数学本身的信心。里斯等人通过计算，发现宇宙的质量是负数，这怎么可能？难道是数学错了，还是我们对宇宙的理解完全错了？

里斯在做了仔细的检查后首先排除了推理有误的可能性，然后他们不得不承认数学的结论是对的，出错的是我们的眼睛（包括观测的仪器）。于是，他们认定宇宙中一定存在我们看不见，更不了解的东西，那些就是所谓的暗能量，亚当·里斯等人后来因此获得了诺贝尔奖。

在自然科学上，很多重大的发现，最初都不是直接和间接观测到的，而是根据数学推导出来的，比如说黑洞、引力波便是如此。在历史上，血液循环论、现代原子论最初都是建立在数学推导上的假说，然后才逐渐被实验验证了。世界上有很多我们不能依靠直觉和生活经验理解的事物，但是我们可以从数学出发，经过一步步推导得到正确的结论，我们甚至不需要亲力亲为地做一遍就知道我们的结论一定是正确的。这就如同你不需要会踢足球，才能评论足球一样，你只需要把握住一些准则就可以了，而数学就是这样的准则。

上面的事实说明：从数学的定理出发，可以推导出很多针对现实世界的推论，从而改变我们对现实世界的看法，这就是数学的预见性。比如，毕达哥拉斯定理的一个直接结果指出了无理数的存在,它把人类对于数字的认识范围从有理数扩展到了无理数。

当然,可能有读者朋友会想,那些预见性可能和我们相去甚远,其实不然,后面我们会举一些和大家相关的例子,比如如何识破庞氏骗局,为什么不能做空股票,等等。

康德(Immanuel Kant(德语),1724～1804)讲:"世界上只有两样东西是值得我们深深敬仰的,一个是我们头上的灿烂星空,另一个是我们内心的崇高道德法则。"他所说的星空,其实包括数学这样的知识体系。对于很多云山雾罩的事情,我们只需要在逻辑上推演一遍,就能把问题的真相搞清楚了。

3.6 被低估的一元二次方程求根公式

一元二次方程求根公式,可能是数学公式中最被"低估"的一个了。曾经有过不少这一类的调查,让数学家和物理学家们列出他们所认为史上最美或最重要的 10 个公式,二次方程求根公式一次也没有入围。在这类"选美"比赛中,勾股定理 $a^2 + b^2 = c^2$ 肯定每次都有大批粉丝;$E = mc^2$ 也是名声在外,一再获选;$C = 2\pi r$ 更是一副了不起的样子。但是,二次方程求根公式总是被人遗忘在角落里。

一元二次方程求根公式看上去确实很不美观。有不少学生记二次方程求根公式时就像念经一样机械地背下来:"x 等于 $2a$ 分之负 b 加减根号下 b 方减 $4ac$"。还有的学生连背也背不下来,当被老师提问时,面对着这一大堆字母、符号、数字的组合,他们大脑一片混乱,只会呆若木鸡地站在那里。这个令人闻风丧胆的求根公式就是:

$$x = \frac{-b \pm \sqrt{b^2 - 4ac}}{2a}。$$

只有当你真正了解了这个公式是用来做什么的,你才能透过它有些丑陋的外表,看到这个公式的内在美。也许看了下面的讲解,你能体会到这个公式所蕴含的智慧,能够对二次求根公式的起源和意义有一个更深入的了解。

早在公元前 2000 年左右,古巴比伦的数学家就能用几何法解一元二次方程了。其实还有很多古代文明也早早了解了它的解法。为什么人们都对这一类方程感兴趣呢？因为它们常常会出现在建筑学、几何学的实际应用问题中，计算地块的面积或是比例关系时都需要求解二次方程式。

据说数学少年司汤达(Stendhal，1783～1842)虽然学习了欧拉的《代数学入门》，但当他碰到"两个农妇卖鸡蛋"的问题时，才明白代数这门学问的威力。

原题是这样的：甲、乙两个农妇一共带着 100 个鸡蛋来到集市上叫卖，虽然两人所带鸡蛋不同，但卖的钱数一样。于是甲对乙说：若你的鸡蛋换给我，我可以卖得 15 元，乙答道：若你的鸡蛋换给我，我只能卖得 $\frac{20}{3}$ 元，试问两个农妇各有多少个鸡蛋？

按常规解这个问题可设甲所拿的鸡蛋数设为 x，则乙拿的鸡蛋数就是 $100-x$。由于甲说"若你的鸡蛋换给我，我可以卖得 15 元"，因此所谓我的价钱就是每个鸡蛋为 $\frac{15}{100-x}$ 元。乙说"若你的鸡蛋换给我，我只能卖得 $\frac{20}{3}$ 元"，所以每一个鸡蛋的价钱是 $\left(\frac{20}{3} \div x\right)$ 元。因此卖鸡蛋得的钱分别是和 $\frac{15x}{300-x}$ 和 $\left(\frac{20}{3} \div x\right) \cdot (100-x)$。因为这两份钱是相等的，所以下列方程成立：

$$\frac{15x}{100-x} = \left(\frac{20}{3} \div x\right) \cdot (100-x)。$$

在这之前是必须动脑筋想的，而下面只要机械地计算就可以了，也就是想法变换式子。

去掉分母 $9x^2 = 4(100-x)^2$，

化简整理，得 $x^2 + 160x - 8\,000 = 0$。

我们看这个式子会注意到有 x^2 项。这样的方程就叫做一元二次方程。

联立一次方程组的难点在于有很多未知数，而这个二次方程虽然只有一个未知数，但由于问题本身复杂，也是很难解的方程。

古巴比伦、古埃及、古希腊、古中国和古印度的数学家们都不约而同地研究过二次方程式的求解方法，并且获得了一定的成功。今天仅举两个最有代表性的例子来欣赏下古人的智慧。

在我国汉代的《九章算术》中已载有一元二次方程问题。书中将方程 $x^2 + px = q(p > 0，q > 0)$ 的解法称为"开带从平方法"。

三国时代的赵爽在注释《周髀算经》时，讨论了几种不同形式的一元二次方程的求解过程,我们还是以 $x^2 + px = q$ 为例加以说明。

求解这个方程式显然很棘手,我们怎么才能把这个方程中的 x 孤立出来,从而求得它的值呢? 移项技巧以及方程式两边同时乘以(或除以)一个常数的方法在这里显然不够用,因为顾得了 x 就顾不了 x^2,即使你把这两者之中的 x 孤立出来,另一个必然还会在那里碍手碍脚。比如,我们可以把方程式的两边同时除以 p,这样 px 就被简化成了 x,但是,我们也会随之得到一个非常讨厌的 $\dfrac{x^2}{p}$,方程式还是没有解出来。总的来说,这个问题的难点是,我们需要同时做两件事情,而这两件事情看起来又似乎互不相容。

那么,赵爽是怎么解决这类问题的呢? 他的解法值得我们欣赏一下:一是因为他给出的解法非常巧妙,简直让人崇拜! 当你明白他的想法时,不由得心里会嘀咕,这个人是不是得到了神灵点化,要不怎么会想到这么神奇的方法!

二是因为他的解法极为强大——这种解法可以一步到位,解出任何二次方程式的根。也就是说,你可以把上述方程式中的 p 和 q 换成其他任何数字,这个方法仍然有效!

观察方程 $x^2 + px = q$,先将方程变形为:$x(x + p) = q$,这样可以构造一个长为 $(x+p)$,宽为 x 的长方形,再设面积为 q,就能使方程成立,其中 p 和 q 是已知数。

那要通过构造什么图形,才能创造出一个方程,而这个方程的一边要保证不再是既含有未知数的一次式又含有未知数的二次式,就是不能再出现 $(x^2 + px)$ 的形式。

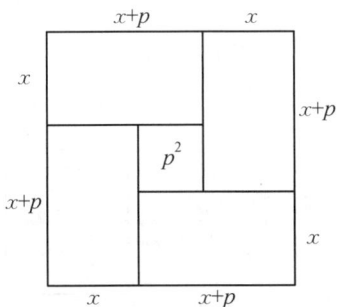

图 3 - 6 - 1

接下来就是神来之笔(智商限制了我的想像),他将四个刚才构造好的长方形和一个边长为 p 的小正方形拼成一个大正方形,如图 3 - 6 - 1 所示。于是大正方形的面积既可以表示为一个小正方形的面积加四个长方形的面积,即 $S = p^2 + 4q$;还可以表示为一个边长 $(2x + p)$ 的大正方形的面积,即 $S = (2x + p)^2$。这样就有面积等式:$(2x + p)^2 = p^2 + 4q$。

当然也可以等价地理解为大正方形的边长为 $2x + p = \sqrt{p^2 + 4q}$,从而有 $x = \dfrac{\sqrt{p^2 + 4q} - p}{2}$。

这与今天我们用的公式已经差别不大了,但细心的读者可能已经发现,如果赵爽参加现代的代数考试,那么这道题他最多只能得到一半的分数。他漏掉了方程的另一个解,因为两边开方的时候应该在根号前面加正负号,他丢了一个根:

$$x = \frac{-\sqrt{p^2+4q}-p}{2}。$$

在赵爽的算法里,这个负数解被忽略了,从几何意义上来说,边长为负数的正方形并不存在,这可以说是古代代数的局限性。如今,代数已经不再那么依赖于几何,所以二次方程式的正数解和负数解都得到了认可。

如果赵爽的方法你觉得太过神奇,只能高山仰止,那么接下来出场的一位阿拉伯大叔的做法一定会让你大有收获。

9 世纪初期,著名数学家花拉子密在著作《Hisab al-jabr wal-muqabalah》(后来被译为《代数学》)中记载了许多不同种类方程的解法,其中一类就是我们今天的主角——一元二次方程。在花拉子密的著作中记载了这样一个二次方程

$$x^2 + 10x = 39。$$

当然,花拉子密使用的是文字而非符号的表述方法。他在书里是这样写的:什么数的平方加上这个数的 10 倍等于 39? 把这个问题翻译成数学语言,就是我们上面写出的这个二次方程式。

花拉子密用的也是几何解法,但跟赵爽的有所不同,差别在哪呢? 由于他给出的解法更加简洁明了,所以我们值得好好分析一下。当然它的方法同样对于一般的一元二次方程普遍适用。

这个方法就是:用几何意义来诠释二次方程式中的每一项。首先考虑 x^2 的值,它的几何意义是一个 x 乘以 x 的正方形的面积,如图 3 - 6 - 2 所示。

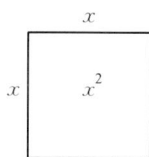

类似的,第二项 $10x$ 的几何意义是一个 10 乘以 x 的长方形的面

图 3 - 6 - 2

积。花拉子密巧妙地把这个 10 乘以 x 的长方形一分为二表示为两个 5 乘以 x 的长方形(这一步的妙处我们在下面自然看到,这蕴含了"配方法"的思想),如图 3 - 6 - 3。

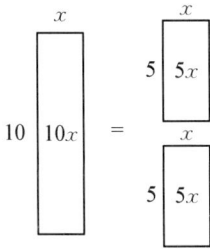

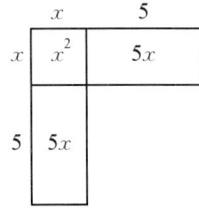

图 3 - 6 - 3　　　　　　　　　　　　　图 3 - 6 - 4

接着,我们把两个长方形和先前的正方形拼到一起形成一个"L"形图形的面积就是 $x^2 + 10x$。

现在,花拉子密把求解方程式的问题变成了拼图问题(如图 3-6-4)：如果上述形状的面积为 39 个单位,那么 x 应该是多少呢?

图 3-6-5 已经给出了十分清楚的提示,既然这个形状缺了一角,为什么我们不把它补全呢? 补全这个小正方形之后,我们就得到了一个完美的大正方形。这说明什么呢? 仔细看看下图 3-6-6。

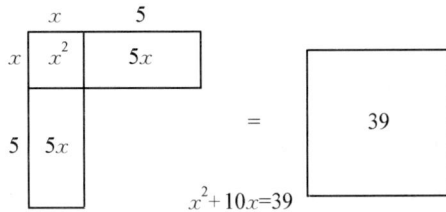

图 3 - 6 - 5

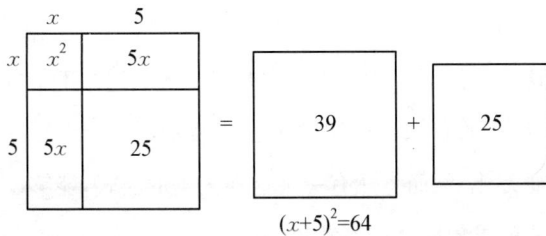

图 3 - 6 - 6

补足的这个小正方形的面积是 $5×5＝25$，也就是说，图 3-6-6 中大正方形的面积是 $x^2+10x+25$，也可以说这个图形现在是边长为 $(x+5)$ 的一个正方形。

通过上述方法处理，原来互相冲突的 x^2 和 $10x$，如今却携起了手，变成了一个简洁且容易处理的 $(x+5)^2$。这种"配方法"使得求根问题变得十分简单。

在刚才的处理过程中，我们在方程式 $x^2+10x＝39$ 的左边加上了 25（即补足的小正方形的面积），为了让方程式仍然成立，显然在方程式的右边也应该加上 25。处理过后的方程式就变成：

$$(x+5)^2＝64。$$

这真是太简单了，只要方程式两边同时开平方，我们就得到了 $x+5＝8$，随后可以轻松地解出 $x＝3$。

很显然，$x＝3$ 正是方程 $x^2+10x＝39$ 的解。简单的代入验算明确无误地告诉我们，这个解完全正确。

$x＝3$ 是花拉子密给出的这个方程式的解。当然他也和赵爽面临同样的局限性，几何解法都不会算出负数解。花拉子密漏掉了方程的另一个解是 $x＝-13$。我们可以代入原方程验证 $x＝-13$ 也是这个方程式的解。如今，代数已经不再那么依赖于几何，所以二次方程式的正数解和负数解都得到了认可。

在花拉子密之后的几个世纪中，数学家们逐渐认识到只要接受负数解和负数的平方根，任何二次方程式都可以用上述的"配方法"求解。

对任意一个二次方程式 $ax^2+bx+c＝0$（其中 a、b、c 为任意已知数，x 为未知数）来说，求根公式可以表示为：

$$x＝\frac{-b\pm\sqrt{b^2-4ac}}{2a}。$$

现在你是否对这个看似不太美观的公式有所改观了呢？不管方程式中的 a、b、c 是一些什么数字，方程式的解都可以用这个公式表示，一步到位，一目了然！a、b、c 这 3 个数字可以千变万化，然而竟然有一个这样完美的公式，能够以不变应万变，举重若轻地把二次方程式的求根问题彻底解决。

如今，一元二次方程仍是解决各类实际问题不可或缺的工具。通过这个工具，科学家和工程师们能够分析无线电的收发、桥梁和摩天大楼的震动、篮球和炮弹的运动轨迹、动物种群数量的波动等。如果没有一元二次方程,很多现实世界里的问题将会让我们一筹莫展。

从这个角度来看,二次方程求根公式虽然其貌不扬,却实在是一笔珍贵的数学遗产和一个伟大的数学奇迹!

3.7 求根难题

千百年来,一代又一代的数学家使出浑身解数,千方百计地想要从不同的方程中解出未知数 x 的值。解出未知数 x 的过程又叫作“求根”的过程。在人类数学史上,不断地挑战更难、更复杂的方程式,求解方程的根的过程,给我们留下了一个个动人的故事。

被记载下来的最早的求根难题之一,出现在公元前 4 世纪的第罗斯岛。当时,第罗斯岛上发生了瘟疫,岛上的居民十分烦恼。为了解决岛上的瘟疫问题,居民们虔诚地求助于神谕。神谕告诉岛民们,想要解决瘟疫,他们需要把阿波罗神的正方体祭坛的体积扩大一倍。不幸的是,当时的数学还没有那么发达,要把正方体形状的祭坛体积扩大一倍,就必须先计算出 2 的立方根,而当时的人们并不知道如何进行这样的计算。那时候,希腊人的几何工具只有两种:一是直尺,二是圆规。这也是流传后世的“立方倍积”问题,后来被证明尺规作图是不可能的问题(具体详见“尺规作图三大难题”)。

1. 负数开平方的困惑

随着“一元一次方程”、“一元二次方程”被人们发明出来后,很多生产和生活中的问题解决起来方便快捷多了,后来,人们又逐渐承认了一元二次方程“无理根”。

但是,有一小块阴云却总是挥之不去,那就是,人们发现解一元二次方程时经常会有负数开平方根的问题,这种根的产生时常受到质疑,因为负数的平方根看起来意义不明。

直到公元 1700 年左右，数学家们才就这个问题达成了共识：他们认为负数的平方根应该是不存在的。理由是负数的平方根不能是一个正数，因为正数乘以正数总是等于正数，而我们要求这个数的平方根是负数。另外，负数的平方根也不能是负数，因为我们知道负负得正，负数乘以负数也应该是正数。看起来没有任何数字乘以自己本身以后会得到一个负数。

数学的发展过程中时常会有这样的困扰，每当一个现存运算方法的应用范围不断扩大，最终进入到一个它似乎不适用的领域时，都会产生这样的困扰。比如小数减去大数就必须引入负数的概念，除法的发明所产生的问题迫使我们发明小数和分数。平方根的问题最终使得数字的领域又一次被扩展了。

与前面那些困扰相比，这一次的困难造成了更多的痛苦和挣扎。直到今天，-1的平方根仍然用符号 i 来表示，而 i 是英文 imaginary 的第一个字母，指"虚构、想象"的意思。

这种新的数字（你可能会拒绝称它为"数字"，而只承认它是一种"符号"）的性质是这样定义的：$i^2 = -1$。

你会发现，数轴上找不到 i 这个数字。一点儿都没错，从这个意义上来说，i 是一种非常奇怪的数字，它比零、负数、分数，甚至无理数还要奇怪，不管怎么说，零、负数、分数、无理数在数轴上都还有它们的一席之地。

充分发挥想象力，我们也可以想象出这样的一个 i 它不存在于数轴上，而是存在于一条和数轴垂直的轴上，这条轴叫作虚轴。当你把这条我们想象出来的轴和我们熟悉的数轴垂直相交的时候，我们就得到了一个面——它就是我们给新型数字制造的生存空间。

这些新型的数字叫作"复数"。"复数"的"复"是"复合"的意思。复数包含两种数，它们是实数和虚数，我们之前学的实数都被包括在复数中，比如 $1+2i$、$3i$ 和 $\sqrt{2}$ 等都是复数。

复数有着实数的一切美好性质，你可以对它们进行加减乘除的运算。也可以计算一个负数的平方根、立方根或者任何根，这些根仍然会是一个复数。

复数还有比实数更好的性质，因为复数的根永远存在，这个可以由代数学基本定理保证。它的内容是：任何一个非零的一元 n 次复系数方程，都正好有 n 个复数根。

这个定理最早是由德国数学家罗特(Roth, K. F.)于 1608 年提出的。后来的数学家也给出各种证明方法,通常认为第一个严格的证明是 1799 年高斯在哥廷根大学的博士论文中给出的。自此,我们就有一个基本常识,即复数域内,n 次方程一定有 n 个根。这为数学家在今后的方程求根过程坚定了信念。

2. 一元三次方程解法公式的由来

在初中重点学了一元二次方程的解法,但是当学到一元三次方程时通常就被卡住了,因为没有通用解法,只有那些特殊方程用巧妙的办法才能把解凑出来。

那一元三次方程的解法是否有现成的公式可以套用呢?还真有!但是世界各国的中学都不讲,因为这个公式太复杂,讲了同学们也记不住,徒增学习负担,今天有了计算机,让它帮咱们解决就好了。

但是在过去没有计算机,大家对这一类问题束手无策,因此只能靠技巧来解个别具体的方程。直到 15 世纪,人类还不知道它的通解,当时在欧洲,谁能解几个三次方程,就算得上是数学家了。

欧洲早期最著名的大学是意大利的博洛尼亚大学,它也是全世界最早的大学。该大学里面有一个叫费罗(Scipione del Ferro,1465~1526)的数学家,得到了 $x^3 + px = q$,这样一类缺项三次方程的求解公式。这是个不小的成功,但出乎人们意料的是,他并没有马上发表自己的成果。临终前,他才将自己的这一"杀手锏"传给两个人:他的女婿和他的一个学生。他那不学无术的女婿不久就将此抛之脑后了。他的那个学生叫菲奥尔(Fior),这个学生既不聪颖,也不好学,看样子将来是找不到工作了。费罗临终前对他说,鉴于你的才能为师还是传给你点秘籍吧!将来还可在数学界有个立足之地。

菲奥尔在老师死后,果然混得不太好,于是就拿出了老师的秘籍,去找一个叫做塔尔塔利亚(Niccolò Tartaglia,1499 或 1500~1557)的数学家挑战,"塔尔塔利亚"是意大利语"口吃"的意思,这个数学家的真名叫做尼科洛·丰塔纳(Niccolò Fontana),但是今天大家都很少提及他的真名,而用他的绰号。

当时欧洲数学家之间盛行挑战,就是各自给对方出一些自己会做的难题,如果自已做出了对方的题,同时把对方难倒了,就算赢了。1535 年,菲奥尔听说塔尔塔利亚会解一些三次方程,当时大家还不知道三次方程的通解,解具体的三次方程都靠玩技巧,就给他出了一堆难题,像这样的一些:

$$x^3 + 4x = 11, \; 3x^3 - 5x = 7。$$

看了这些题目你会发现,它们都大同小异,这些三次方程中都没有二次项。我们不妨将这些三次方程称为 A 类的三次方程。费罗老师给菲奥尔留下的"秘籍",其实就是 A 类方程的解法,费罗在发现了这样方程的通解后,只告诉了女婿和菲奥尔两个人。

在拿到菲奥尔给的这些难题后,塔尔塔利亚也毫不客气地给对方出了一堆难题,也是求解三次方程,但形式上略有不同,如下面这样:

$$x^3 + x^2 = 16, \; 2x^3 - 3x^2 = 9。$$

它没有一次项,但是有二次项,我们不妨将它们称为 B 类的三次方程。这类三次方程的解法,塔尔塔利亚已经想出来了。双方约定 30 天为期,并且压上了一笔钱做赌注,于是比赛算是正式开始。

菲奥尔看了一眼对方的题,知道自己做不出来,就放弃了。但他却在每天晚上跑到塔尔塔利亚的窗外去侦察,看看对方进展怎么样。菲奥尔心想,如果对方也做不出来自己的题,那么双方打平,这样菲奥尔就可以比肩塔尔塔利亚了。

塔尔塔利亚并不知道这些,他每天从早到晚在书房里做数学题。时间一天天过去,塔尔塔利亚房里没有动静,菲奥尔暗自高兴,这场比赛看似能打平。眼看 30 天的期限快到了的时候,塔尔塔利亚居然宣布解出了对方的难题,因此赢得了这场比赛,导致菲奥尔从此消失在了数学历史的舞台上。

从 1535 年开始,就有很多人想从塔尔塔利亚那里学习三次方程的解法,但是塔尔塔利亚就是不说。后来有一位叫做卡尔达诺的人,想知道 A、B 两类一元三次方程的解法。吉罗拉莫·卡尔达诺(Girolamo Cardano,1501～1576),意大利文艺复兴时期百科全书式的学者,数学家、物理学家、占星家、哲学家和赌徒。他的本行是医生,曾担任英王御医,是一位颇受欢迎的名医。但其才能并没有局限于此,他在各种知识领域里显示出自己的天赋。除了是一个极好的医生外,他一生写了 200 多部著作,内容涵盖医药、数学、物理、哲学、宗教和音乐。他行为有些怪异,性好赌博。在他去世后一百年,莱布尼兹概括了他的一生:"卡尔达诺是一个有许多缺点的伟人;没有这些缺点,他将举世无双。"

在卡尔达诺的不断恳求下,塔尔塔利亚受求不过,让卡尔达诺发下毒誓保守秘密后,将 A 类三次方程的解法告诉了他。

卡尔达诺有一个学生叫费拉里(Ferrari, L. , 1522~1565),15 岁时充当卡尔达诺的家仆。主人发现了他在数学方面有出众才能,接受他为学生和助手。这师徒俩在塔尔塔利亚工作的基础上,很快发现了所有一元三次方程的解法,我们可以把它称为是通解。他们俩自然兴奋不已。但是由于之前发了誓要保守秘密,因此他们不能向外宣布自己的发现,这让他们非常郁闷。

六年后,也就是 1541 年,塔尔塔利亚也发现了所有的一元三次方程的解法,但是他依然保守秘密,没和别人说。

塔尔塔利亚和菲奥尔的挑战赛过去八年之后的 1543 年,卡尔达诺和费拉里访问了博洛尼亚,在那里他们见到了费罗的女婿,得知费罗早就发现了 A 类和 B 类一元三次方程的解法,这下师徒二人兴奋不已,因为觉得憋在心里的话终于可以说出来了。

于是卡尔达诺决定不需要再恪守对塔尔塔利亚的承诺了,便于 1545 年将所有一元三次方程的解法发表在了名为《大术》的书中。卡尔达诺在书中提到,费罗是第一个发现了一元三次方程解法的人,他所给出的解法其实就是费罗的思想。同时在三次方程解法的基础上,费拉里还给出了一元四次方程的一般性解法。

塔尔塔利亚知道了这件事,当然对卡尔达诺极为愤怒,认为他失信。失信在当时的学术圈是一件了不得的事情。不过卡尔达诺解释道,他没有发表对方的发现,而发表的是费罗很多年前的发现,因此没有失信。

这件事在当时就成为了一件很轰动的事情,而双方各执一词,旁人也分不出是非,于是只好采用"比赛"的方式来解决,卡尔达诺这一边决定由学生费拉里替他出战,他和塔尔塔利亚各给对方出了些难题,结果费拉里大获全胜。从此塔尔塔利亚就退出了学术圈。由于卡尔达诺最早发表了求解三次方程的方法,因而数学上三次方程的解法至今仍被称为"卡尔达诺公式"。

刚才说了一元三次方程的解法公式(即卡尔达诺公式)比较复杂,就给大家看一眼

A 类：

$$x^3 + px + q = 0,$$

运用求根公式算出它的其中一个解，$x = \sqrt[3]{-\dfrac{q}{2} + \sqrt{\dfrac{p^3}{27} + \dfrac{q^2}{4}}} + $

$\sqrt[3]{-\dfrac{q}{2} - \sqrt{\dfrac{p^3}{27} + \dfrac{q^2}{4}}}$。估计你看了上面这一堆密密麻麻的公式，已经有点晕了。

但是这离一般的一元三次方程的求根公式还有很大距离，想解形如：$ax^3 + bx^2 + cx + d = 0$ 的方程，上边的 A 类方程的解法只能算是它的引理，即是一个简单、辅助性的定理，不过一般三次方程可以转化成 A 类方程，这也是为什么卡尔达诺学会了塔尔塔利亚教他的 A 类方程后不久就能解决一般三次方程的原因，从这也可以了解数学转化思想的重要性，它是学好数学的重要思想方法。

3. 方程求解问题的最终解决

由于人类解决了一元三次方程和一元四次方程，虽然经历了一定的岁月，但总的来说还算顺利。

当数学家们兴致勃勃地试图继续寻找一元五次方程的解时，却遇到了前所未有的困难。因为方程的次数变高后，方程的解法就像加速度一样变得更难。有人这时就会跳出来反问："既然找不到好的方法，就不要再找了，也许哪天在研究别的问题时可以有新突破呢？"这个问题就好像你问登山者："为什么要攀登珠穆朗玛峰呢？"登山者会回答说："因为它在那儿。"数学家也像登山者那样，把阻挡在眼前的五次方程作为目标，不断地发起突击。

然而，所有的突击都被挡了回来。人们就渐渐知道这五次方程是格外棘手的目标。数学家们经历了长达三百多年前仆后继的努力之后，没有人取得成功。就连大数学家拉格朗日也不得不坦言："这个问题好像是在向人类的智慧挑战"。

于是人们开始重新考虑。虽然根的存在是根据代数学的基本定理而得到保证的，可是解方程的手段如何呢？仔细推敲解方程的手段，到四次方程为止，根是可以用加、减、乘、除、乘方、开方等手段解出来。仍然只用这些手段能解五次方程吗？就像不带氧气，只用冰镐和绳索已经不能攀登珠穆朗玛峰一样，数学家开始怀疑用以前的手段不能解五次方程了。

终于在 1799 年这个问题有了一点突破，意大利数学家鲁菲尼（Paolo Ruffini，1756～1822）首次证明了"高于四次的一般方程的不可解性"，但其证明存有缺陷。1818 年，年仅 16 岁的挪威数学家阿贝尔（Niels Henrik Abel，1802～1829），在研究了鲁菲尼等前人总结的成果之后，坚定地对他的老师说："让我来解答这一历史难题吧，我能证明四次以上的方程是否有解。"

1824 年，年轻而聪明的阿贝尔经历了六年时间的艰辛努力，修正了鲁菲尼论证中的缺陷，还证明了鲁菲尼之前未加证明的关键性命题，人们称之为阿贝尔定理，这也是最早的"置换群"的思想，阿贝尔就是应用这一思想证明了"高于四次的一般方程没有根式解"。

阿贝尔将他这篇生命中最为重要的研究成果写成论文《一元五次方程没有代数一般解》，寄给了当时的数学权威高斯，可惜并没有得到高斯的回复。后来他又寄给科学院秘书傅立叶（Baron Jean Baptiste Joseph Fourier，1768～1830），这位大数学家由于工作实在是太忙，只是匆匆地读了论文的引言，便交给了大数学家柯西（Cauchy，Augustin Louis，1789～1857）审查，结果柯西将论文带回家中之后，竟然弄丢了。

无奈之下，阿贝尔最终于 1826 年将他的论文刊登在了朋友新创办的杂志第一期上。人们将他的成果与鲁菲尼的成果合称为"阿贝尔—鲁菲尼定理"。

阿贝尔—鲁菲尼定理证明了"五次及更高次的代数方程没有一般的代数解"，但是也发现有的方程能用根式解。年轻的阿贝尔由于才能未及时得到学术界的认可，一直处于贫病交加的困境之中，来不及对这一问题进一步的研究，就因病去世了。

阿贝尔逝世之后，他遗作中有一篇未完成的手稿："关于函数的代数解法"，为后来伽罗瓦遗作的出版开辟了道路。几年后，他利用阿贝尔的有关"群论"的方法彻底解决了代数方程的可解性理论问题，也就是后来著名的"伽罗瓦理论"。

1829 年，伽罗瓦将他在代数方程解的结果呈交给法国科学院，没想到这次论文跟阿贝尔的论文的命运一样，也落到柯西的手里被弄丢了。当伽罗瓦在学术上处处碰壁的时候，噩耗传来了，他的父亲因为在政治活动中被人恶意中伤而自杀。在学术上心灰意冷的伽罗瓦转向了政治运动，为他的父亲复仇。1830年12月，伽罗瓦因抨击校长被学校退学，最终因政治原因下狱。在监狱中，伽罗瓦依然放不下他热爱的数学研究，不断地修改着他那篇不被学术界认可的论文。

1832年3月，他在狱中狂热地爱上了一位医生的女儿，在明明知道情敌是个神枪手的情况下接受了决斗的邀请。在决斗前的那一个晚上，他已经心无所恋，唯一放心不下的就是他这些年来苦心研究出来的数学成果。他交代他的朋友，在他死后一定要将这些数学成果想办法公之于众。他的朋友按照他的遗愿将这些数学论文寄给众多的数学家，以期得到帮助，但是都石沉大海。直到1843年，这篇论文才被大数学家刘维尔（Joseph Liouville，1809～1882）看到。

刘维尔注意到了伽罗瓦用"群论"的方法去讨论方程式的可解性，他被伽罗瓦这种独创而深邃的理论所震撼。刘维尔经过三年时间的努力整理了他的部分遗稿并刊登在1846年的《纯粹与应用数学杂志》上，他在代数方面的独创性工作才得以为世人所知。

"一元五次方程的求解问题"这一延续了三百多年的难题终于尘埃落定。数学家们在漫长的岁月里解决这一难题的过程中，所收获的意外成果远远大于所得到的答案本身。特别是伽罗瓦所做的工作，使得一门崭新的数学分支"群论"诞生。伽罗瓦的一整套想法现称为伽罗瓦理论，是"近世代数"的基本支柱之一。

如果阿贝尔和伽罗瓦等年轻的数学家能够活到像高斯、牛顿一样的年龄，那么他们所能做出来的成就是无法想象的。虽然他们的生命像流星一样过早地消失在了人类文明的夜空，但他们的名字和对数学发展的贡献将被人类永远传颂！

3.8 函数——从静态到动态

1. 从现实需求理解函数

如果数学作为一种工具，以变化和不变化的角度作区分，那么可以把数学大体上比喻为机械化生产工具和小作坊生产工具。前者可以对大批量物品进行加工生产，后者只能对于单个，或几个物品进行加工生产。

比如算术,可以说是不变方面特别突出的学问。在写 1,2,3,… 时,这些数是不动、不变的。在算术领域中,变化和运动几乎完全隐藏在背后。在几何中,图形也是以不变和静止为主要思路来进行论述的。它力图尽量避免使图形又变化又运动。这就好比小作坊生产,还只能进行单个的物品加工。

可是随着时间的流逝,不变和静止的数学开始落后了,取代不变和静止的数学的是变化和运动的数学,且变化和运动的数学一跃而后来居上,其原因是这种新型数学符合新时代的要求。

从 14 世纪开始到 15 世纪,欧洲的封建制度在社会的商业发展和商品流通的冲击下开始瓦解。为了制造商品兴办了新型工业,为了交换商品诞生了商业。而为了运输商品,陆地和海上的交通也随之蓬勃发展起来了。封闭社会的封建制度阻挡着它们前进的道路,新生势力与守旧势力就发生了冲突,战争变得不可避免。战争需要配制火药、制造大炮。为了配制火药,化学必须有新的发展,而为了计算炮弹的弹道,物理学和数学也必须有新的突破。

除此之外,为了开发新的原料产地和商品市场,对于商人们来说欧洲的舞台已经显得过于狭小。以哥伦布(Christopher Columbus,约 1451～1506)和瓦斯科·达·伽马(Vasco da Gama,约 1469～1524)为先导的商船队,从地中海出发驶往大西洋和印度洋去开拓新市场。商船队在海上航行连一个岛屿的影子也看不见,只能凭借太阳、月亮和星星这些天体来决定船队所在的位置,这样就要精确地知道太阳和月亮的运动,因而需要现代意义的天文学。这个时代所要求发展的科学是变化和运动的科学。

伽利略(Galileo Galilei,1564～1642)反对“不变才是高贵的科学”的说法,他在《天文对话》一书中说:“高度评价无消亡、不变化的人们,是因为想长生不老和害怕死亡,所以吹捧事物无消亡、不变化,然而他们没有想到要是人能够长生不死,就不能从天堂来到地上。”这反映了以伽利略为代表的先进学者们从运动变化来观察世界的近代科学精神,但也因此受到了罗马教皇的审判和镇压。

为了满足当时的生产生活要求,必须创造出有关研究变数的新式数学工具。虽然人们很早就开始用字母表示数,但它是某种难题的答案,还不是变动的数。

把字母看作是变动的数即变数的人是笛卡儿。因为他首先创造性地想出了用直线的长度表示连续的量,比方说,字母 t 不仅表示某一瞬间,如果用直线的一部分就可以表示一定的时间间隔,因此就可以得到随着时间的变化,对应其他量的变化趋势。这时如果把时间称做 x,它就不再只是直线上的一个点,而是表示在直线上可以任意移动的一个量,我们叫它变量。而要研究的随着时间变化的其他量,比如距离、速度等,这时一般也是变量,当考虑共存的几个变量之间的相互关系时就产生了函数的概念。

比如,即使汽车驾驶台上的里程表坏了,只要有速度表和计时表,就可按速度×时间=距离计算出距离。此时把距离叫做速度和时间的函数。在生活中,函数无处不在,比如在一个班级里,学生和他的某次考试成绩之间,就是一种函数关系。函数的值也并非一定是数字,可以是其他的数据,比如班级里每一位同学的母亲是谁,这也是一种函数。

然而在包围着人类的自然界中存在着无数的量,并且这些量一方面互相关联,一方面变化的方式是多种多样的。这不是一件轻而易举的工作。因此我们研究问题一如既往地从最简单的情况开始叙述,并且采取从最简单的问题出发,再进而过渡到复杂问题的方法。比如刚才的例子中说"距离是速度和时间的函数"就是三个变量,距离的变化可以是只有时间单独造成的,还可以是时间和速度共同变化造成的,在实际生活中往往后者居多,我们为了研究方便一般先假设速度不变,这样就可以说"距离是时间的函数"了。两个变量的关联变化是最简单的情况,因为一旦决定了其中一个变量,则另一个变量也随之可求出。用数学符号可以这样表达:$x \rightarrow y$,欧拉把它写成 $y = f(x)$。

2. 从函数定义理解函数

代数的发展是从列方程和解方程开始的,如果说方程是代数中的一个重要工具,那么函数就是代数中的第二个重要工具。在初中数学八年级教材上有函数的概念,但是估计很多学过的人也并不一定记得它:

在某个变化过程中,有两个变量 x 与 y,如果对于允许取到的 x 的每一个值,y 都有唯一的值与它对应,那么就说 x 是自变量,y 是 x 的函数(因变量)。

这个定义应该说还是非常简练地说出了"函数"概念的关键点,但是依然会有很多人无法理解它。

那么函数是什么？除了上面提到的生活中的例子，我们在前面的章节也讲到了很多函数。比如笛卡儿坐标系上的一条直线，还有抛物线，它们都是函数。

从这些例子中，我们可以总结函数的四个共性：

第一，函数里一般有两个变量。函数讲的不是 $1+2$ 这些具体确定的事情。像 $y=2x+1$ 这样的一次函数（也叫直线方程），x、y 就是变量。像班级里每个人的某次考试成绩这样的函数，人就是变量。

第二，函数都是一种对应关系。比如学号为 1，2，3，4，$\cdots$，n 个的学生，和相应的某次成绩 80，84，84，79，$\cdots$，82，就是一种对应关系，注意这里的成绩可以相同。

再比如，我们在介绍解析几何时，讲过一个二元一次方程 $ax+by+c=0$，它代表一条直线，这也是一个函数，我们每设定一个 x 值，就能算出一个 y 值，这就有了 x 和 y 之间的对应关系。

第三，对应关系是确定的。也就是说，在一个函数中，一个自变量 x 只能对应一个函数 y 值，而不是多个 y 值。比如在上面提到的学生成绩的例子中，一个学生只能对应一个成绩，比如 1 号同学成绩为 80，不能既是 80 又是 84，但有可能两个同学是同样的成绩，比如 2 号和 3 号同学都是 84。

第四，函数通过对应关系可以算出来。比如，在二元一次方程里，给定一个 x 的值，就能算出一个 y 值。在一个班级的学籍表里，给定学号，就能查出他的家庭住址等。

从上述总结可以看出函数是一种特殊的对应关系，任何一个变量只能对应一个函数值，当一个变量对应了很多数值，这样的对应关系就不是函数。比如，班级学生和他们的课本的对应关系，因为每个学生都有许多课本，这就不是函数。

3. 从函数图像理解函数

上面我们从两个方面跟大家探讨了函数的概念，一是从实际生活中列举例子，让大家从身边感受下函数；二是对函数的定义加以解释并总结要点，让大家能抓住要点理解函数;接下来,从第三个方面——通过图像形象直观地理解和观察函数,比如你知道下面的图像(如图 3-8-1 至图 3-8-5)哪些是函数图像哪些不是吗?

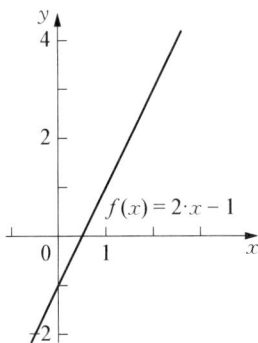

图 3-8-1

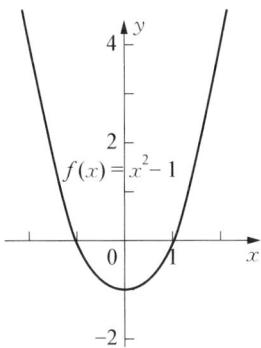

图 3-8-2

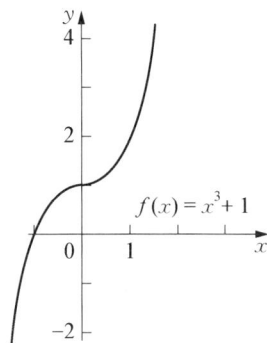

图 3-8-3

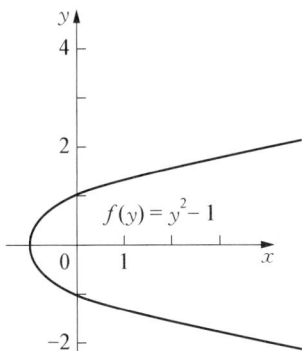

图 3-8-4

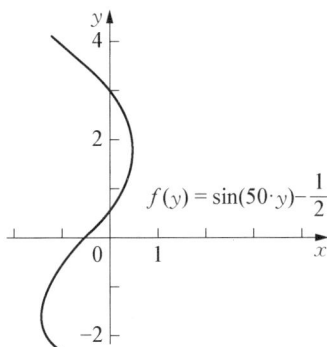

图 3-8-5

上面图 3-8-1、3-8-2、3-8-3 的图像都是函数图像,第二行的图像(图 3-8-4、3-8-5)都不是函数图像,你看出区别了吗? 教给大家一个判断是不是函数图像的方法,这个方法可以迅速地判断出一个图像是不是函数图像,它就是"垂线测试法",即拿一把直尺垂直于 x 轴(或在脑子里面想象一条垂直于 x 轴的直线),沿着 x 轴平移,在从 x 轴的负半轴平行移动到 x 轴的正半轴的过程中,图像始终与你拿的直尺(或脑子中想象中的垂线)只有一个交点,就说明这个图像是函数图像,出现两个或两个以上交点就不是函数图像。

4. 从数学发展理解函数

虽然我们在前面提到函数的例子时,举了各种各样的函数,但是人们最初研究函数只是用它来描述数学上一些曲线的变化规律。

函数的概念在 17 世纪开始萌芽,牛顿在《自然哲学的数学原理》中提出的"生成量"就是函数概念的雏形。在笛卡儿引入坐标变量 y 和 x 后,也注意到 y 依赖于 x 而变化,这已经就可以认为函数思想基本形成,但是他没有概括出"函数(function)"这个词。真正把"函数(function)"这个词作为数学术语的人是著名数学家莱布尼茨。他在研究微积分时,常常要确定曲线上每一个点的一些性质,比如它附近的点是否连续,或者曲线在这里的斜率是多少。

当时大家已经普遍利用笛卡儿坐标系(直角坐标系)这个工具,将曲线画在上面,坐标系的横轴是 x 轴,纵轴是 y 轴,因此,大家通常就把函数关系理解成 y 随着 x 变化的走势。

比如说,在一个坐标系里,如果每增加一个单位,y 也增加一个或 k 个单位,那么这种函数关系就是线性的,比如 $y=kx$ (或 $y=kx+b$),因为这些点在坐标里画出来就是一条直线。形式 $y=kx^2$ 的函数很重要,这个函数图像我们叫它抛物线,比如它可以用于求正方形的边长 x 和面积 y 之间的关系,当然还有很多函数类型,初中阶段重点是上述两个类型。

"函数"这个中文词是清末数学家和翻译家李善兰创造出来的。李善兰在翻译西方数学著作时,就根据函数的这种对应变化关系,发明了这个名词,他在书中解释道:"凡此变数中函(包含的意思)彼变数者,则此为彼之函数。"

意思是说,凡是这个变量中包含另一个变量,这个变量就称为另一个变量的函数。换句话说,如果 y 随 x 变化,y 就是 x 的函数。李善兰的解释现在看来并不准确,但在当时作为概念普及还是比较形象的。

函数概念的提出在数学史上有划时代的意义。两件事对函数的出现起到了至关重要的作用,一个是解析几何,这让数学家们可以用曲线把一些方程联系起来,从而可以看到一些变量变化的趋势;另一个是天文学和物理学的发展,需要用公式和曲线表示时间和运动轨迹之间的关系。

5. 从形象比喻理解函数

数学家们需要函数,就像装修师傅需要钳子和榔头等五金工具一样。钳子和榔头能把原材料变成我们想要的东西,函数也有着这样的功能。数学家们常常把运用函数的过程称为"转化"的过程,这正是在强调函数这方面的功能。不过钳子和榔头所处理的原材料是木材、钢铁,而函数处理的原材料却是数字、图形,或者另一个函数。

为了解释清楚这个概念,让我们先把方程 $y = 2 - x^2$ 的图像画出来看看。

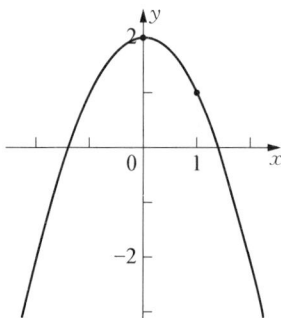

如图 3-8-6,为什么这个函数的图像会呈弓形呢?因为有一把看不见的数学"钳子"正在悄悄地使劲。在这个关于 y 的方程中,x 被"转化"成了 x^2,这种转化的工具就像日常生活中我们使用的钳子一样,能够对被转化物施加拉力,使被转化物弯曲。本来,我们的原材料可以看作 x 轴上的一小截线段,它是完全水平的,经过这个方程的转化,这一小段原材料的每一个点都受到了拉力的作用,就像被钳子夹起来一样,原材料被弯曲拉长了,形成了我们在图 3-8-6 中看到的弓形。这个弓形学名就是

图 3-8-6

抛物线,能把一截线段弯曲成抛物线形状的,类似于钳子的"工具",我们一般叫它二次函数。生活中处处都能见到抛物线,也就意味着二次函数常常在我们周围出没。不管是喷泉形成的水柱,还是篮球运动的轨迹,都有二次函数的身影。

上面我们谈到的是方程中 x^2 的部分,那么,$y = 2 - x^2$ 中的这个常数 2 又起到了什么作用呢?同样用五金工具进行类比,这个常数 2 好像把一幅画挂在墙上的那枚钉子一样。这枚钉子将拉开的弓形向上提起固定在 y 轴上 2 的位置上。就像钉子不会改变弓的形状一样,常数 2 也不会改变函数的形状,它只是把这个图形的所有点都向上提高了 2 个单位而已,我们给这钟类似于钉子的"工具"起了一个统一的名字,叫作"常数函数"。

上面的这个例子形象比喻了函数的双重作用。一方面,函数和五金工具一样是一

种可以转化原材料的工具，x^2 能把 x 轴的一段拉伸变弯，而 2 则能把整个图形向上提。另一方面，函数又相当于工具所处理的原材料，2 和 x^2 都是函数的零部件，它们共同组合成了一个更复杂的函数 $2-x^2$，就好像 CPU、主板、内存、声卡等零部件可以组成一台电脑一样。

6. 函数提高了人类的认知水平

第一，通过函数可以避免人的线性思维。比如你看这张图 3-8-7，观察篮球和排球的大小，一般篮球的直径是 24 厘米，排球的直径是 21 厘米，篮球的直径比排球大 $\frac{1}{7}$，从图片上看，它们的差别好像不是很大。

图 3-8-7

如果现在问你篮球比排球的体积大多少，你能想到篮球的体积比排球大 50％吗？

这个例子说明，我们都知道圆的周长是直径的 π 倍，这是一种线性关系，比较好理解。不过圆的面积和半径的关系就是平方关系，理解起来就要费点劲了。再往后，球的体积和半径的关系是三次方，半径从 1 变成 2，体积就是原来的 8 倍，这就更难理解了。刚才的例子就是直径从 1 增加了 $\frac{1}{7}$，变为 $\frac{8}{7}$，则体积就变为原来 $\frac{8^3}{7^3}\approx 1.5$ 倍了，虽然人有时能够感觉立方关系的变化比线性的快，但是对于到底增长有多快没有概念，运用函数关系我们就能比较准确地知道事物之间的变化。

第二，函数能让我们从对具体事物、具体数的关注，变成对趋势的关注，而且可以非常准确地度量变化趋势所带来的差异。

比如说，过去几十年中国经济增长较快，经常在 8％以上，即使是 2019 年，依然有 6.1％。用这种方式来表达我们国家改革开放以后在经济上取得的巨大成就，其实一般人是没有什么概念的。

现在请大家看图 3-8-8，换一种表达方式："改革开放以来，我国经济高速发展，在 2006 年我国 GDP 超过德国，2010 年超过日本，并且以图中中国的 GDP 曲线的增长趋势来看,不久我们将超过美国成为全世界第一大经济体",这样表述相信更有说服力。

1970年以来美国中国日本德国GDP总量(美元)

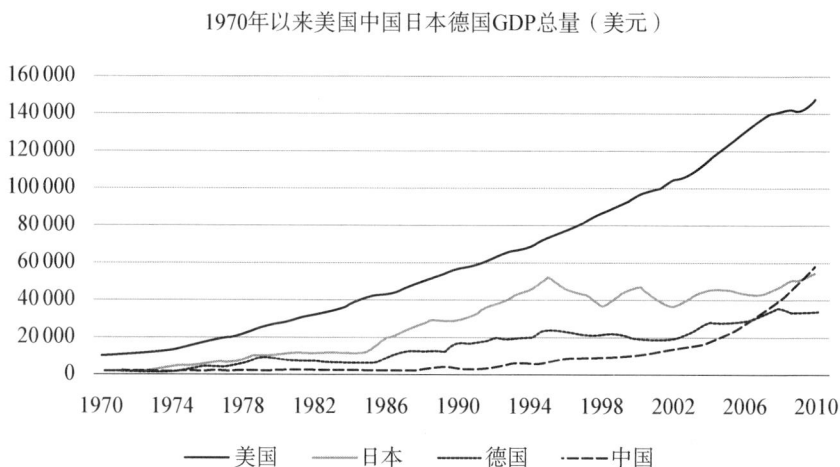

图3-8-8

第三,通过函数曲线还可以发现一些容易被人们忽视的问题。比如图3-8-9是上海最近8年的房价和人口的走势图。人们会发现从2014年中央控制特大城市的人口增长,上海的人口就出现了负增长的趋势,这个和图中的人口曲线图是吻合的;但是从2016年国家宏观调控房价,全国的房价都被抑制了,为什么上海的房价反而有加速上涨的趋势呢?

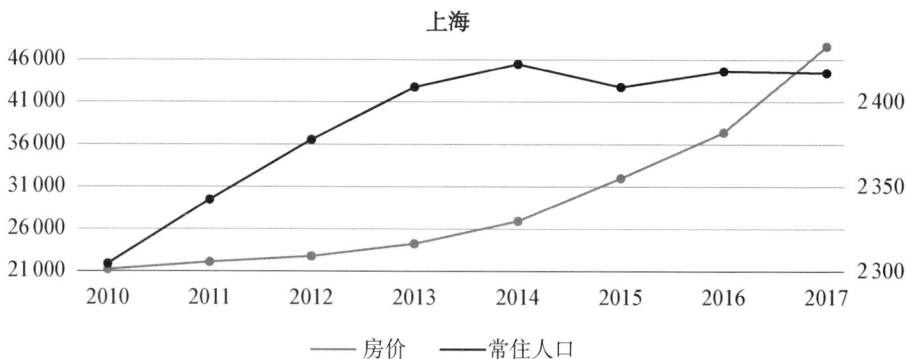

图3-8-9

再仔细调研就会发现，原来因为国家通过"四限"手段，使房子买卖受到了遏制，远郊房卖不动，成交的基本都在市区内，市区内成交的房价自然就把上海整个的房价拉上去了。因此，通过几个函数的关系图，就能相对清楚地分析上海楼市的基本情况，不至于人云亦云或雾里看花。

人们经常是感性的，会对一件事过分敏感，要么因为一个好消息过分乐观，要么因为一个坏消息过分悲观，当我们学会运用函数这个有力武器，而不是看一个个孤立数据之后，我们的见识就容易提高。

第四，通过学习函数，可以掌握一套解决问题的方法。比如我们知道了投掷铅球和打篮球的投篮动作，当初速度一定（其实可以理解为抛掷力量一定）时，最后它飞行的距离是抛射角度的函数，通过计算就能得出不同角度下，抛射的距离。

了解了这个函数关系，对我们无论是在参加投掷比赛，还是打篮球；对于军队的炮兵或者狙击手，都有指导作用。特别是对后者，现在的狙击步枪都有根据风速矫正瞄准镜的功能，其中也蕴含了函数的思想。事实上，最初设计电子计算机的目的，就是根据弹道的函数，计算远程火炮弹道轨迹的，当然，这个函数中除了有角度变量，还有炮弹的速度、空气的阻力和风向等许多变量。

如果我们想要着手处理一些更刺激、更惊险的东西，就需要拿出我们的另一件利器：指数函数。指数函数能够很好地描述爆炸性增长，比如核能源或核武器的链式反应，以及培养皿中细菌的高速繁殖。

相信大家都听过人不能把一张 A4 纸对折 7 次以上，它的原理也是指数函数的作用。因为每对折一次，纸的厚度就会增加一倍，如果不断地对折一张纸，纸的厚度就会呈指数增长。同时，纸的长度每对折一次也会缩小一半，所以纸的长度在不断对折的过程中会呈指数减小。对于一张 A4 纸来说，对折 7 次以后，纸张的厚度就会超过其长度，在这种情况下，是没有办法再次将这张纸对折的。这和折纸的人有多大力气没有任何关系。在数学上，所谓一张纸被对折过 n 次，也就是说折完的纸必须在一条直线上有 2^n 层，而当纸的厚度已经大于它的长度时，这个条件是不可能满足的。

但是如果对这个纸张的长度放宽限制，我们还是能够把一张纸对折 8 次以上的。比如 2002 年，一位名叫布兰妮·加利文的女高中生完成了这个实验。首先，加利文推导出了一个公式：

$$L = \frac{\pi T}{6} + (2^n + 4)(2^n - 1)。$$

在这个公式中，L 是纸张的长度，T 是纸张的厚度，n 是这张纸能被对折的最大次数。从这个公式中可以清楚地看出，这个任务之所以那么困难，就是因为有两个 2^n 存在：其中一个 2^n 表示每对折一次纸张的厚度就会翻倍，另一个 2^n 则表示每对折一次纸张的长度就会减半。根据这个公式，加利文算出，她需要一卷特制的厕纸，这卷纸大约有 1 207 米。2002 年 1 月，加利文买到了能满足她的要求的厕纸，她在美国加利福尼亚州波莫纳市的一家购物中心里铺开了这卷厕纸，开始进行这项伟大的工程。7 个小时以后，在父母的帮助下，加利文把这张纸对折了 12 次，一举打破了世界纪录。

了解了指数增长的威力，希望大家把压岁钱尽量存起来，并且一直不花掉，等你长大了，就有可能变成个小富翁。假设你把钱存在银行里，每年的年利率是 r，假设我们认为存款都是按复利增长的（当然银行是不会给你这样算的！），那么一年以后，你的存款会变成本金的 $(1+r)$ 倍；两年以后，你的存款变成本金的 $(1+r)^2$ 倍；n 年以后，你的存款会变成本金的 $(1+r)^n$ 倍。这就是我们所说的"复利"，即传说中"滚雪球"的魔力。

3.9 坐标系——几何代数化的桥梁

1. 连续量的表示方法

两只狗和三只狗加在一起是几只狗？孩子们想这个问题一般脑子里会浮现出狗的画面来，然后渐渐地，随着大脑的发育和在校学习，这种方法就会被简单的数字 1，2，3，…所替代。甚至进一步懂得了，不仅狗，连苹果、人都能用抽象数字来表示。

表示不连续量，就算是不同的事物，用简单的不同标记，如○、△之类的已经足够清楚了。但是，用 △ 来表示连续量，不论怎样考虑都是不合适的。比如用△△来表示倒入桶中的两升水还能勉强说得过去，要表示 $2\frac{3}{10}$ 升水那要怎么办呢？显然也是不合适的，因为水是连续的。

表示连续量必须考虑其他方法，想出这种方法的人就是笛卡儿。他想出了用直线的长度来表示所有的连续量，他在书中写道："……最后必须了解，在连续量的各种量纲中，显然比长度和宽度更清楚的东西是不存在的……"。

连续量，除了长度以外，还有重量、面积、体积、时间、密度、温度、款额等，可以说种类很多。这些全部都用长度来表示，不能不说笛卡儿的想法是非常大胆的。

的确，用长度来表示的话，连续量所具有的重要特性就会鲜明地表达出来。比如长度用直线来表示，首先就是不论多少都能分割，而直线的长度确实不论多少都能分割；其次，也能自由地结合到一起，几条线段连接在一起变成一整条线段也很自然；再次，能够很容易地比较大小，两条线段一头对齐，另一头谁长谁就大，一目了然。

虽然形状不同的杯子里的水的体积大小是不容易比较的，但是如将体积转换成长度，立刻就可以进行比较。具体地说来，只要看一下水倒进米制量杯后的变化就会明白。米制量杯本来就是把体积转换成长度的工具。

观察周围，再细想想，我们身边有太多把连续量表示成长度的工具。杆秤就是把重量转换成有刻度的长度工具；钟表就是把时间转换成表盘的长度（曲线长度）的工具；温度计是把温度这一连续量转换成了长度的工具；汽车的速度计也是把速度这一连续量变成曲线的长度工具。

笛卡儿原则能考虑"把全部的连续量用长度来表示"，这本身实际上就是一项伟大的发现。这在某种意义上也体现出数学的重要性。歌德（Johann Wolfgang von Goethe，1749～1832）曾对数学家作了如下的描述："数学家与法国人有些相似。不论向他说什么，他都要翻译成本身的语言，并把它当作完全不同的东西来对待。"的确，数学家把各式各样的量转换成最容易考虑的长度，它就像把地方方言转化成普通话一样，具有作为连续量的通用语的作用。

这样，由于笛卡儿把连续量转换为长度，就为坐标图的出现做好了准备。例如，8月天气温度如图 3-9-1 所示，能画

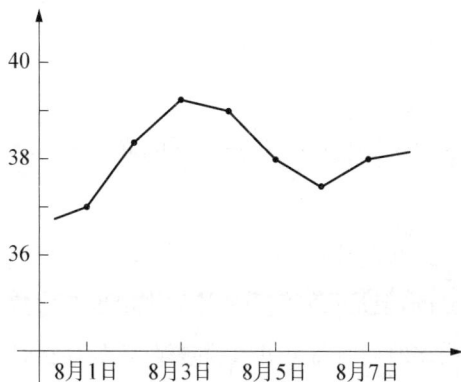

图 3-9-1

成折线图也是因为作为连续量的时间和温度都是能用长度来表示的。

2. 笛卡儿与直角坐标系

构成解析几何学的根本要素是坐标，笛卡儿舍弃了过去欧几里得几何学使用的静态图形，改以坐标来表现点的运动路径，因此一般的直角坐标系又称为笛卡儿坐标系，而解析几何学又称为笛卡儿几何学。

我们都知道，早在远古时期，希腊的学者阿基米德以及小亚细亚的数学家阿波罗尼奥斯等人，就已经将坐标的概念代入几何学中了。之后，许多数学家都曾经深入研究点的运动路径，然而，笛卡儿是史上第一位巧妙利用坐标，将点的运动路径以代数学的方式成功表达出来的人。

笛卡儿从学校毕业就参军了，当时欧洲各地相继发生战争，各式各样的新式武器也陆续被研发出来。其中，以大炮和火药的发展最受瞩目。炮弹带来的破坏力已成为决定战争胜败的关键性武器。因此对于炮弹的飞行轨道，也就是弹道的研究——要如何发射炮弹才能成功击中敌人的阵营，在军人及科学家之间已成亟待解决的重要课题。当时笛卡儿也对这个问题充满兴趣，因而日以继夜想着这个问题。

有一天，体弱多病的笛卡儿因病需要静养，躺在医院病床上，他无意间望向天花板，看到一只蜘蛛在天花板上跑来跑去忙个不停，不久之后，那只蜘蛛顺着蜘蛛丝垂吊下来。原本只是漫不经心地看着这一幕的笛卡儿，开始比较起蜘蛛的运动和炮弹的飞行路径，然后从时间和空间的关系中得到灵感，产生了变量之间的相互依赖关系（函数的概念），这就是笛卡儿建构坐标几何学的启迪。

3. 用代数方法解决几何问题——解析几何

几何是最早出现的数学分支之一，人类认识自然到形成知识体系都是从易到难建立的，但是几何似乎要比后来出现的代数学来得难，原因可能是人类逻辑推理的能力很多时候时需要灵感的陪伴，比如什么时候、在哪需要添加一条或几条辅助线，好像经常需要"神来之笔"；反而是套用公式的计算没有太高的灵感要求。

　　如果你学过了几何当中的"圆"这一章之后就会感觉几何变得困难多了，无论是证明还是计算都是如此，包括圆中有圆的内切、外切等，混合在一起的图形看着都容易迷糊，更别说需要运用几次定理，再添几条辅助线的难题了。如果再把圆换成椭圆呢？那你估计要直接放弃了。

　　这就从数学发展本身的角度要求能发明一个有力的数学工具，使几何证明变得简单化，那么能否使用代数的方法解决几何学问题呢？也就是写出相应的直线或者曲线的方程，然后再解方程，因为解方程重点在计算，相对于几何的逻辑证明还是要简单机械些。

　　其实在笛卡儿之前，已经有人开始研究代数和几何的关系了，但是那时人们除了研究圆的规律，没有太多的几何学问题非要使用坐标和代数不可，因此偶然出现一些零星的方法形成不了知识体系。

　　到了笛卡儿的时代，情况就变了。开普勒（Johannes Kepler，1571～1630）已经提出了行星运动的三定律，这三个定律都是基于椭圆轨道的，而不是当初哥白尼和伽利略基于圆形轨道的。再加上当时科学家和仪器商人们开始利用玻璃透镜制造望远镜，这也从实践上要求数学需要研究光在曲面上的折射和反射问题。

　　这些问题使用传统的几何学工具都很难解决。笛卡儿就是在这一时期发明了几何代数化的桥梁——笛卡儿坐标（笛卡儿之前，还没有人发明在平面上用两个彼此垂直的无限长的直线设定坐标的方法。因此后世就把这种坐标用他的名字命名了。），将几何图形放到坐标中用代数的方法研究，目的就是把需要很多灵感才能逻辑推理出的证明题，变成解方程的计算问题，这一方法尤其是对那些跟曲线相关，比如圆、椭圆等的几何问题非常有效。

4. 解析几何的特点和作用

　　几何转化成代数之后带来了很多好处。一方面，一些有点难度的几何问题可以变得相对容易思考，不过减少思维难度的同时可能带来计算量的提升。

　　比如"三角形的三条中线交于一点"这一性质证明可以转化为代数的计算问题，大家感受下两种方法的区别。

　　"三角形的三条中线交于一点"在平面几何中证法：

设在△ABC中，BD、CE分别是AC和AB边的中线，BD和CE交于点O，连结到AO并延长交BC于点F，求证：AF是BC边的中线。

证明：如图3-9-2，作BG // EC，交AF的延长线于点G，连结CG。

∵ BG // EC，

∴ $\dfrac{AE}{EB} = \dfrac{AO}{OG}$，

∵ CE是AB边的中线，即AE = BE，

∴ AO = OG，

∵ BD是AC边的中线，

∴ OD是△AGC的中位线，

∴ OD // GC，

∴ 四边形OBGC是平行四边形（两组对边分别平行的四边形是平行四边形），

∴ BF = CF（平行四边形对角线互相平分），

∴ AF是BC边的中线。

"三角形的三条中线交于一点"的解析证法：

假设已知条件给的是三角形的三个顶点坐标，那么证明过程分四步可计算完成。

先求出三边中点坐标（根据中点公式）；再通过两点式求三条中线的方程；进而求出其中两条中线的交点；把交点代入第三条中线方程中，如果方程成立，就说明三条中线交于一点。

关于解析法这里不展开计算，因为难度不大，不过对比可以发现两者的区别：前者思维量大，后者计算量大。

另一方面，解析几何还可以让很多原本抽象的代数问题直观化。

比如在方程——数学的疑问句一节，我们提到鸡兔同笼中涉及的二元一次方程组和狗、麻雀、蜻蜓问题设计的三元一次方程组等方程组问题，即方程中的未知数都只有一次方，但却有两个、三个或更多个方程组成。我们那时并没有讨论它们的解的情况，什么情况下是有解的，事实上一些方程组可以无解。接下来我们用二元一次方程组为例试着讨论下方程组解的情况，比如，$\begin{cases} x - y + 1 = 0, \\ 2x - 2y + 1 = 0 \end{cases}$ 就无解。另外，有一些

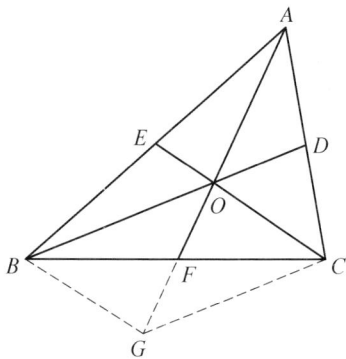

图3-9-2

方程组却有无数解。比如，$\begin{cases} x-y+1=0, \\ 2x-2y+2=0。 \end{cases}$　当然，我们之前解的方程组大部分是

有一解的，比如，$\begin{cases} x-y+1=0, \\ 2x-y+3=0。 \end{cases}$

　　问题来了，方程组什么时候无解，有无数解，或者有一解呢？在没有学过直角坐标系和一次函数时，我们一般是通过不管方程组有没有解，就当它有解，先把元方程组消元为一元一次方程后，讨论等式是否成立，等式恒不成立即无解，恒成立即无数解，能出现形如 $ax+b=0(a\neq 0)$ 形式的就有唯一解。

　　这个方法是能判断出方程解的情况，但是需要计算，是个笨办法，有没有不需要计算的巧方法呢？当然有，我们只需观察下方程组里每个方程的系数之间的比例关系就能马上判断出来，即

$\begin{cases} a_1x+b_1y+c_1=0, \\ a_2x+b_2y+c_2=0 \end{cases}$ 中，当 $\dfrac{a_1}{b_1}=\dfrac{a_2}{b_2}\neq\dfrac{c_1}{c_2}$ ①时，方程组无解；

$\begin{cases} a_1x+b_1y+c_1=0, \\ a_2x+b_2y+c_2=0 \end{cases}$ 中，当 $\dfrac{a_1}{b_1}=\dfrac{a_2}{b_2}=\dfrac{c_1}{c_2}$ ②时，方程组无数解；

$\begin{cases} a_1x+b_1y+c_1=0, \\ a_2x+b_2y+c_2=0 \end{cases}$ 中，当 $\dfrac{a_1}{b_1}\neq\dfrac{a_2}{b_2}$ ③时，方程组有唯一解。

　　有人可能会说，这个式子是怎么来的？其实学过点解析几何你就很容易能理解了，对于解方程组来讲，解析几何就是理解它们含义的工具。

　　我们知道，任给一组 x 和 y，它们其实对应于平面坐标上的一个点。而一个二元一次方程则代表一条直线，方程组中的两个方程就对应于两条直线。

　　如果这两个方程所代表的直线相交，如图 3-9-3 所示。那么就说明有一点既在直线 1 上，又在直线 2 上，这个交点所对应的 x 和 y，也就是方程组的解，对应的就是上面③式。

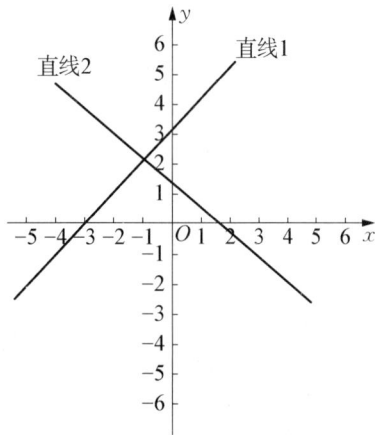

图 3-9-3

如果两条直线平行,如图3-9-4,就不可能有交点。这就说明不可能有一个点既在直线1上,也在直线2上,那么方程组就无解,对应的就是上面①式。

当然,如果两条直线完全重合,如图3-9-5,那么就有无数个点既在直线1上,也在直线2上,相应的方程就有无数解,对应的就是上面②式。

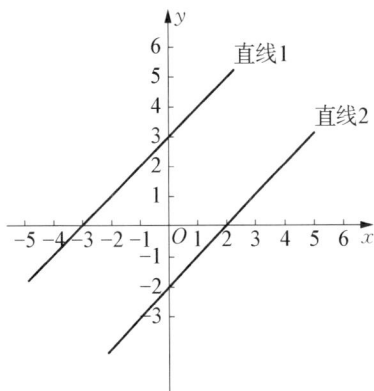

图3-9-4

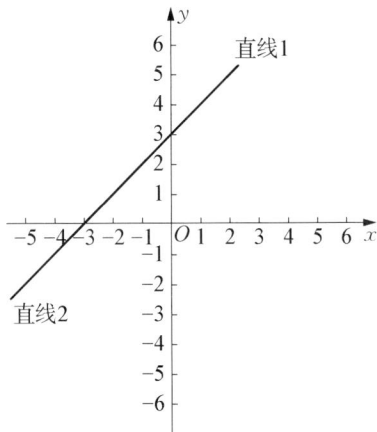

图3-9-5

我们把上述三种直线之间的关系画在下面的坐标中。前后三张图中的情形,分别代表有一个解、无解和有无数解的情况。

利用解析几何这个工具,我们可以很好地理解方程的本质,更好地学会解方程。如果上面的例题改成三元一次方程组也是一样的,那如果是一元二次方程是不是也可以通过直角坐标系的图像看出它的解的情况呢?

我们就用直角坐标系这个工具,把之前讲到解方程的一些知识点再串联起来。

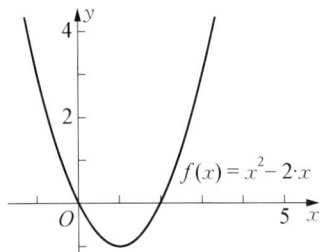

图3-9-6

首先,在笛卡儿坐标中,计算任何两个点之间的距离,必须要用到勾股定理(毕达哥拉斯定理)。其次,我们把前面所说的一元二次方程同坐标系中的一些曲线对应起来。一元二次方程对应于抛物线,我在下图中画了三条抛物线。

第一条抛物线(图3-9-6)和x轴,也就是横轴有两个交点,有两个可能的x值,让方程等于零,这两个值就是相应方程的两个解。第二条抛物线(图 3 - 9 - 7)则与 x 轴只有一个交点,因此相应的方程只有一个解,第三个抛物线(图 3 - 9 - 8)与 x 轴没有交点,因此对应的方程无解。

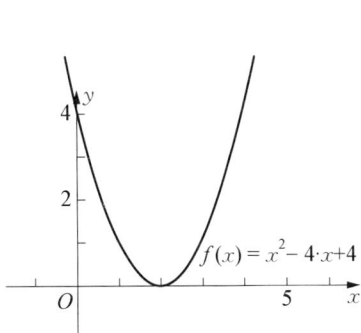
图 3 - 9 - 7

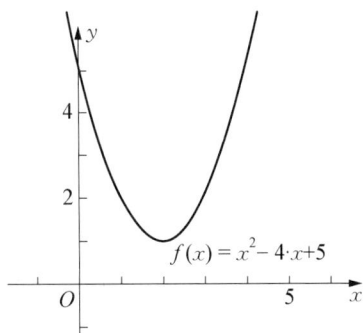
图 3 - 9 - 8

当然一元三次方程等等,都可以通过直角坐标系把它的图像画出来,通过与 x 轴的交点来判断方程解的情况。

通过直角坐标系的出现和解析几何发展的历史,我们进一步深刻地理解为什么说数学是一种工具。直角坐标系和解析几何这种工具在现实世界中是不存在的,是笛卡儿等人根据之前的数学理论,按照逻辑构建出来的。但是它一旦出现,就能很方便地解决过去看似比较难的几何问题,也能解释为什么方程组有无实数解这样过去不好直观解释的问题。

其实,这个工具不光能让大家理解方程的解更直观,还能解决以前没有这一工具解释不了的问题,就比如一元三次方程是不是总有实数解?为什么一定有实数解?通过做出它的图像你就一目了然了,如图 3 - 9 - 9。

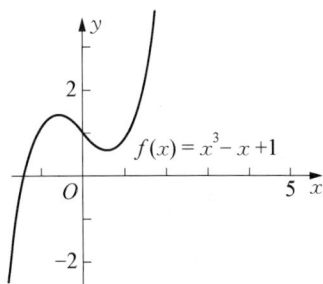
图 3 - 9 - 9

大家看到三次方程的曲线是两头向上下两方无限延伸的,因为这是个连续曲线,中间没有断点,所以它必经过 x 轴,也就是方程必有实数解。

　　从这里，大家就能体会纯理论数学，也就是人们常认为很多"没有用"的数学知识，其实是有大用处的，只是人们的认知水平有限，没有看到；或是数学工具本身在掌握和运用时比较复杂，人们为自己找个不用的借口罢了。就像用高射炮打蚊子，人们肯定认为可笑，可是如果当年八国联军侵华时，我们只要有几十辆坦克，根本不用什么导弹，潜艇等高科技，估计那些侵略者都要被赶到海里喂鲨鱼了。

　　有些同学可能会陷入遐想，如果我带着几辆坦克穿越回去是不是就能救中国了，相信有点逻辑的人都会知道这是痴人说梦，因为光有坦克没有会驾驶它的人也没有任何用处，所以当代的世界竞争是国与国之间的科技竞争，而更根本的是人才竞争，因此年轻人如果只注重眼前利益，国家没有掌握"坦克"这种先进工具的人才，我们百年的耻辱说不定在某个历史时期又会重新上演！当然，这也从另一个方面证明了，我们国家改革开放的国策是英明的，我们国家的人民重视教育是非常智慧的。

　　对于这节不知你是否体会了"融会贯通"这四个字在学习数学过程中的含义。我们通过解析几何把之前很多知识点又串联了起来。学好数学的有效途径，是把自己有能力理解的知识融会贯通，而不是做很多超出自己理解能力的难题。

　　融会贯通的方法能使你对知识理解深刻，对于灵活运用知识的题目就容易得分，这正是弥补题海战术缺点的有效方法，当然，要想考非常高的分数（比如回回考试都90分以上），做够一定量的习题是必须的。

　　解析几何工具的重要性还体现在它不但能解释，或叫从不同的角度认识很多之前学过的知识，简单说就是"承前"，而且它"启后"作用更大，在它的基础上出现了微积分，笛卡儿也因此成为了牛顿所说的"站在巨人的肩膀上"的那些"巨人"之一。

延伸阅读

1. 青年时期就显露才华

　　1591 年 3 月 31 日，笛卡儿出生于法国图赖讷省（Touraine，今安德尔-卢瓦尔省）的拉罕亚贵族家庭。少年时期，他进入犹太人兴办的拉夫赖士（La Fleche）学校就读，对哲学、数学及自然科学等科目都深感兴趣，并以优异的成绩毕业。

毕业后的笛卡儿便开始从军，一开始他先加入拿骚的莫里斯（Maui of Nassau）侯爵的军队，接着在1618年加入荷兰军队，随后又加入巴伐利亚（Bavaria）大公爵的军队，参与波西米亚（Bohemia）战争，然后转往布拉格（Prague）驻扎，1621年军队前往匈牙利（Hungary），而这时的笛卡儿为了游遍西里西亚（Si 于波兰南部）、博洛尼亚（Boogna，位于意大利中北部）及波罗的海（Baltic Sea），退出军队。

1622年，笛卡儿回到法国，重整行装后再度前往瑞士、意大利等地旅游。笛卡儿旅居瑞士及意大利各地期间，结识了不少数学家及哲学家。和这些人相处久了，天资聪颖的笛卡儿也变成了一个"老学究"（当时他才31岁），他开始每日废寝忘食地研究数学及哲学。

历来伟大的数学家都各有独到的哲学思想，对于数学，笛卡儿并非只将它当作单纯的兴趣，他还想将数学融入哲学的思想体系中。于是在1619年旅居乌尔姆（Ulm）时，笛卡儿彻底颠覆当时"附属于权威之下，失去自我、内容空泛的经验哲学"，为数学，尤其是几何学的论证法立下规范。笛卡儿在其独特的思想体系之下，透过解析和综合树立新形态的哲学，成为近代哲学的先驱。

2. 躲避世俗，发表著作

笛卡儿天资聪敏、思路清晰，再加上热心钻研学问，因此终生未娶。而且笛卡儿认为，进入世俗一定会对研究学问造成很大的影响，所以笛卡儿极度厌恶世人知道自己的存在，于是他在1628年悄然前往荷兰。

当时的荷兰是欧洲自由思想最盛行的地方，笛卡儿认为那里拥有最适合自己研究学问的环境，因此在接下来的20年间，笛卡儿一直住在这个国家，也总是深居简出以避开尘世，且为了躲避世人，甚至搬了13次家。

笛卡儿陆续将自己独自研究的哲学、数学以及自然科学的成果发表出来，其中最为有名的，就是1638年出版的哲学书籍《方法导论》的附录《解析几何学》。

他在1644年出版的书籍《哲学原理》中,收录了"笛卡儿的运动定律"以及"涡旋说"。另外,1629年到1633年间著述的《宇宙论》,也记载了笛卡儿许多和自然科学相关的论文,但因那些内容与当时的教会思想相冲突,更由于伽利略受迫害的影响,所以最终《宇宙论》并未出版。

笛卡儿将数学、哲学与自然科学放在一起研究时,突然注意到物体运动状态的变化,于是想以数学计算的方式来追踪那个变化。就像后世相传牛顿是因为看到苹果掉落到地面才发现万有引力定律一样,笛卡儿会发明笛卡儿坐标的故事的真伪已无从考证,但其开创解析几何的贡献是毋庸置疑的。

今日我们所学的解析几何学,当然绝非笛卡儿一人之力能完成的。一般来说,大发明或大发现都不可能单靠某个人一己之力就能完成,多半是由众多的学者经过各种研究,汇集成一个结果,再历经长时间的逐步改进,才能达到至善至美的境地。

尤其是像数学这种超越民族与国界的全人类普遍性学问,更是需要全世界学者的互相帮助、共同努力,才能得到最后的完美成果。例如,我们一般都认为二项式定理的发现者是牛顿,但这个领域也是经过多位学者的努力,才得以建立系统性的公式。

根据某本书的记载,笛卡儿最初发表坐标几何学时,并未针对其基本原理做任何有组织的解说,因此初次接触全新的笛卡儿几何学的人,为了彻底了解这门艰深的学问,可以说是煞费苦心。

对于这一点,笛卡儿本人承认,自己是故意不将详细的解说写下来,这从笛卡儿写给某位朋友的信中可见一斑。笛卡儿在信中描述了自己的研究过程后,写道:"如果我以更简单易懂的方式写下其原理的话,那些自称无所不知的人们一定会说我写的东西他们早就知道了,然后以此来责难我。"笛卡儿如此谨慎小心,使得在刚出版的《方法导论》中附录里的解析几何学,因为实在太难理解而无法被广泛阅读。

直到 1659 年,笛卡儿的好友,也是代数学的权威,阿姆斯特丹的数学家波恩(De Beaune,1601～1652)出版了解析几何学的解说本,再加上莱顿(Leyden)大学的教授、透视画大家文休顿(Frans Van34 Shooten,1634～1679)用拉丁语出版了解析几何学的注释本,引起强烈回响后,一般学者才有机会了解这门全新的几何学,然后再经过众多数学家的深入研究及改良,才演变成今日我们所学习的解析几何学。

3. 笛卡儿的成就与贡献

笛卡儿除了最被人熟知的开创了解析几何外,他也很投入地研究在曲线上求取切线的方法。其中一个方法是利用曲线上极端接近的两点,画出和这条曲线相交的圆,然后再由此圆导出切线。虽然这个切线导出法和现今用微分法来求取切线的方式相比显得幼稚,但这在当时却是个了不起的大发现。

在 19 世纪中叶以前,欧洲学校里的数学教育,对于负数仍然存在错误的观念。笛卡儿之前的欧洲数学家对于负数几乎一无所知。当时的欧洲人认为,所谓的负数是指比零还小的数字、不合理的数字,或者只是假想的数字,直到笛卡儿深入研究后,才正式定义出负数的性质及用法。

此外,前文也说过以字母表头几个字母 a、b、c 等来表示常数,以最后的几个字母 x、y、z 来表示变量的习惯也源自笛卡儿。

笛卡儿将其坐标几何学应用到光学研究上,在《屈光学》中第一次对折射定律作出了理论上的推证。在他的《哲学原理》中首次比较完整地表述了惯性定律,并首次明确地提出了动量守恒定律。这些都为后来牛顿等人的研究奠定了基础。

在哲学上,笛卡儿是一个二元论者以及理性主义者,是西方现代哲学思想的奠基人之一。关于笛卡儿的哲学思想,最著名的就是他那句"我思故我在"。他的《沉思录》至今仍然是许多大学哲学系的必读书目之一。

4. 关于笛卡儿的美丽传说

笛卡儿将一生都奉献在数学、哲学与自然科学的研究上,终身以学术研究为目标。值得一提的是,传说著名的心形线方程也是由笛卡儿提出的。世间还因此流传着关于他的爱情传说:当欧洲大陆爆发黑死病时他流浪到了瑞典,认识了瑞典的一个小公主——18 岁的公主克里斯蒂娜,后成为她的数学老师,日日相处使他们彼此产生爱慕之心,公主的父亲国王知道后勃然大怒,下令将笛卡儿处死,后因女儿求情将其流放回法国,克里斯蒂娜公主也被父亲软禁起来。笛卡儿回法国后不久便染上重病,他日日给公主写信,因被国王拦截,克里斯蒂娜一直没收到笛卡儿的信。笛卡儿在给克里斯蒂娜寄出第十三封信后就气绝身亡了,这第十三封信内容只有短短的一个公式:$r = a(1 - \sin\theta)$。 国王看不懂,觉得他们俩之间并不是总是说情话的,大发慈悲就把这封信交给一直闷闷不乐的克里斯蒂娜,公主看到后,立即明了恋人的意图,她马上着手把方程的图形画出来,看到图形,心都碎了,她知道恋人仍然爱着她,原来方程的图形是一颗心的形状。这也就是著名的"心形线"。据说这封享誉世界的另类情书还保存在欧洲笛卡儿的纪念馆里。

当然故事应该是虚构的,因为 1649 年 10 月 4 日,他应瑞典女皇克里斯蒂娜(Christina)之邀前往瑞典,深受当地人民的尊敬与礼遇,并住在法国公使馆内继续做学术研究。估计因笛卡儿本身体质虚弱,无法适应北方的严寒气候,终至罹患肺炎,于 1650 年 2 月 11 日病逝瑞典。

主要参考文献

［1］［美］阿尔弗雷德·S·波萨门蒂.数学奇观[M].涂泓,译.上海：上海科技教育出版社.2016.

［2］［美］理查德·曼凯维奇.数学的故事[M].冯速,等,译.海口：海南出版社.2014.

［3］［美］史蒂夫·斯托加茨. x 的奇幻之旅[M].鲁冬旭,译.北京：中信出版社.2014.

［4］［日］笹部贞市郎.这才是最好的数学书[M].文子,李佳蓉,译.北京：北京时代华文书局.2015.

［5］［日］远山启.数学与生活[M].吕砚山,等,译.北京：人民邮电出版社.2014.

［6］马锐,罗兆富.数学文化与数学欣赏[M].北京：科学出版社.2015.

［7］沈文选,杨清桃.数学欣赏拾趣[M].哈尔滨：哈尔滨工业大学出版社.2018.

［8］汪晓勤.HPM：数学史与数学教育[M].北京：科学出版社.2017.

［9］徐品方.数学趣史[M].北京：科学出版社.2013.

［10］易南轩,王芝平.多元视角下的数学文化[M].北京：科学出版社.2007.

［11］张景中,任宏硕.漫话数学[M].北京：中国少年儿童出版社.2011.

［12］张景中.从 $\sqrt{2}$ 谈起[M].北京：中国少年儿童出版社.2011.

［13］张文俊.数学欣赏[M].北京：科学出版社.2010.